Inhaltsverzeichnis

Vorwort

Bei den vorliegenden Stationsarbeiten handelt es sich um eine Arbeitsform, bei der unterschiedliche Lernvoraussetzungen, unterschiedliche Zugänge und Betrachtungsweisen und unterschiedliche Lern- und Arbeitstempi der Schüler[1] Berücksichtigung finden. Die Grundidee ist, den Schülern einzelne Arbeitsstationen anzubieten, an denen sie gleichzeitig selbstständig arbeiten können. Die Reihenfolge des Bearbeitens der einzelnen Stationen ist dabei in der Regel ebenso frei wählbar wie das Arbeitstempo und meist auch die Sozialform – die Schüler können einzeln, gemeinsam mit einem Partner oder in der Gruppe arbeiten.

Innerhalb einer Stationsarbeit kann die Lehrkraft auch Stationen als Wahlstationen und als Pflichtstationen deklarieren (siehe beiliegender Laufzettel). Diese Zuteilung liegt im Ermessen der Lehrkraft. Aufgrund der individuellen Lernvoraussetzungen wurde bewusst auf eine Vorgabe verzichtet.
Als dominierende Unterrichtsprinzipien sind bei allen Stationen die Schülerorientierung und Handlungsorientierung aufzuführen. Schülerorientierung bedeutet, dass der Lehrer in den Hintergrund tritt und nicht mehr im Mittelpunkt der Interaktion steht. Er wird zum Beobachter, Berater und Moderator. Seine Aufgabe ist nicht das Strukturieren und Darbieten des Lerngegenstandes in kleinsten Schritten, sondern durch die vorbereiteten Stationen eine Lernatmosphäre darzubieten, in der die Schüler sich Unterrichtsinhalte eigenständig erarbeiten bzw. Lerninhalte festigen und vertiefen können.
Handlungsorientierung bedeutet, dass das angebotene Material und die Arbeitsaufträge für sich selbst sprechen. Der Unterrichtsgegenstand und die zu gewinnenden Erkenntnisse werden nicht durch den Lehrer dargeboten, sondern durch die Auseinandersetzung mit dem Material und die eigene Tätigkeit gewonnen und begriffen.

Ziel dieses Bandes ist es, Materialien zur Verfügung zu stellen, die an die unterschiedlichen Lernvoraussetzungen der Schüler anknüpfen. Jeder einzelne erhält seinen eigenen Zugang zum inhaltlichen Lernstoff. Die einzelnen Stationen ermöglichen das Lernen mit allen Sinnen bzw. nach den verschiedenen Eingangskanälen. Dabei werden sowohl visuelle (sehorientierte), als auch haptische (fühlorientierte) und auch intellektuelle Lerntypen angesprochen. An dieser Stelle werden auch gleichermaßen die Bruner'schen Repräsentationsebenen (enaktiv bzw. handelnd, ikonisch bzw. visuell und symbolisch) miteinbezogen. Aus Ergebnissen der Wissenschaft ist bekannt: Je mehr Eingangskanäle angesprochen werden, umso besser und langfristiger wird Wissen gespeichert und damit umso fester verankert. Das vorliegende Arbeitsheft unterstützt in diesem Zusammenhang das Erinnerungsvermögen, das nicht nur an Einzelheiten, an Begriffe und Zahlen geknüpft ist, sondern häufig auch an die Lernsituation.

Folgende Inhalte werden innerhalb der verschiedenen Stationen behandelt:

- Renaissance
- Barock
- Aufklärung / Sturm und Drang
- Weimarer Klassik
- Romantik
- Vormärz / Biedermeier

---

[1] Aufgrund der besseren Lesbarkeit ist in diesem Buch mit Schüler immer auch die Schülerin gemeint, ebenso verhält es sich bei Lehrer und Lehrerin etc.

Materialaufstellung und Hinweise zu den einzelnen Stationen

Der Laufzettel, alle Arbeits- und Informationsblätter sowie zusätzlich verwendete Blätter (Extrablätter) werden in einer Sammelmappe abgeheftet.

Hinweis: Bei den Originaltexten wurde die Rechtschreibung weitestgehend der amtlichen Neuregelung angepasst. Es wurde versucht, bei möglichst allen Originaltexten eine gemeinfreie, online verfügbare Version zu verwenden. Somit sind die Texte jederzeit abrufbar und schnell einsetzbar (siehe Quellennachweis, S. 87/88).

Renaissance (ca. 1450–1600)

Die Seiten 8 bis 17 sind in entsprechender Anzahl zu vervielfältigen und den Schülern bereitzulegen. Als Möglichkeit zur Selbstkontrolle können Lösungsseiten zur Verfügung gestellt werden.

Seite 8	Station 1:	**Der Übergang vom Mittelalter zur Neuzeit**
Seite 10	Station 2:	**Ein neues Menschenbild:** Extrablatt
Seite 12	Station 3:	**Verbindung zwischen Renaissance, Humanismus und Reformation (Trimino):** Extrablatt, Schere, Kleber. Bevor diese Station bearbeitet werden kann, sollten Station 1 und 2 bearbeitet worden sein.
Seite 13	Station 4:	**Spott und Witz – die Satire:** Extrablatt Das Beiblatt gilt für die Stationen 4 und 5. Das Beiblatt muss an jeder Station extra ausgelegt werden. Es empfiehlt sich, die Stationen 4 und 5 nacheinander zu bearbeiten.
Seite 15	Station 5:	**Spott und Witz – der Schwank:** Extrablatt Das Beiblatt gilt für die Stationen 4 und 5. Das Beiblatt muss an jeder Station extra ausgelegt werden. Es empfiehlt sich, die Stationen 4 und 5 nacheinander zu bearbeiten. Die Aufgabe zur Vertiefung des Themas kann wahlweise zusätzlich bearbeitet werden, z. B. von schnelleren Schülern, zuvor müssen jedoch die Stationen 4 und 5 bearbeitet worden sein.

Barock (ca. 1600–1720)

Die Seiten 18 bis 26 sind in entsprechender Anzahl zu vervielfältigen und den Schülern bereitzulegen. Als Möglichkeit zur Selbstkontrolle können Lösungsseiten zur Verfügung gestellt werden.

Seite 18	Station 1:	**Leben in Widersprüchen – die barocke Weltsicht**
Seite 20	Station 2:	***Vanitas, memento mori, carpe diem***
Seite 22	Station 3:	**Geformte Lyrik – das Sonett:** Extrablatt
Seite 25	Station 4:	**Codierte Kunst – die Allegorie:** Extrablatt. Die Bilder können auf der im Quellennachweis angegebenen Internetseite auch in Farbe ausgedruckt werden.

Tipps: Bevor dieser Stationenlauf im Unterricht behandelt wird, bringen die Schüler kleine persönliche Dinge, auch simple Alltagsgegenstände, von zu Hause mit. Die Schüler werden im Vorfeld nicht über das Stundenthema informiert, dies steigert die Spannung und wirkt motivierend. Erst im Nachhinein erkennen die Schüler, dass selbst an den banalsten Gegenständen noch barocke Sinnbilder entdeckt werden können.
Zur weiteren Vertiefung des Themas und zur gemeinsamen Aktion in der Klasse sollen die Schüler in der nächsten Unterrichtsstunde Gegenstände mitbringen, die ihnen wichtig sind. Die Klasse wird in Gruppen von je vier bis sechs Schülern aufgeteilt. Jede Gruppe arrangiert aus den Dingen, die mitgebracht wurden, ihr eigenes allegorisches Stillleben. Zudem beschreibt jedes Gruppenmitglied auf einem Extrablatt knapp, wie diese Dinge *vanitas*- oder *memento-mori*-Motive veranschaulichen. Anschließend werden die unterschiedlichen Stillleben in der gesamten Klasse besprochen. Die Klasse versucht nun, gemeinsam eine passende Übersetzung (Decodierung) zu finden. Des Weiteren können den einzelnen Arrangements auch Titel gegeben werden.

Aufklärung/Sturm und Drang (ca. 1720–1800/1765–1785)

Die Seiten 27 bis 40 sind in entsprechender Anzahl zu vervielfältigen und den Schülern bereitzulegen. Als Möglichkeit zur Selbstkontrolle können Lösungsseiten zur Verfügung gestellt werden.

Seite 27	Station 1:	**Was ist Aufklärung?**
Seite 29	Station 2:	**Lessings Dramentheorie:** Extrablatt
Seite 31	Station 3:	**Literarische Erziehung – die Fabel:** Extrablatt
Seite 33	Station 4:	**Anakreontische Lyrik:** Extrablatt. Die weiterführenden Aufgaben können wahlweise zusätzlich an der Station ausgelegt werden. Sie gehen über die konkrete Textarbeit hinaus und stellen so eine weitere Vertiefung des Themas dar.
Seite 36	Station 5:	**Literatur des Sturm und Drang (Dominospiel):** evtl. Computer mit Internetanschluss. Die Dominokarten werden zuvor entlang der fetten Linien ausgeschnitten, evtl. auf einen Karton geklebt und laminiert.
Seite 38	Station 6:	**Das Genie:** Extrablatt

Weimarer Klassik (ca. 1786–1805)

Die Seiten 41 bis 50 sind in entsprechender Anzahl zu vervielfältigen und den Schülern bereitzulegen. Als Möglichkeit zur Selbstkontrolle können Lösungsseiten zur Verfügung gestellt werden.

Seite 41	Station 1:	**Geistesgeschichtliche Voraussetzungen:** Extrablatt
Seite 43	Station 2:	**Historische Voraussetzungen:** Extrablatt
Seite 44	Station 3:	**Die Erziehung des Menschengeschlechts:** Extrablatt
Seite 46	Station 4:	**Der klassische Dichter:** Extrablatt; evtl. dtv-Lexikon der Goethezeit (hier vor allem die Einträge zu „Natur“ und „Kunst“)
Seite 48	Station 5:	**Das klassische Drama:** Extrablatt

Romantik (ca. 1795–1840)

Die Seiten 51 bis 61 sind in entsprechender Anzahl zu vervielfältigen und den Schülern bereitzulegen. Als Möglichkeit zur Selbstkontrolle können Lösungsseiten zur Verfügung gestellt werden.

Seite 51	Station 1:	**Die romantisierte Welt:** Extrablatt
Seite 53	Station 2:	**Die blaue Blume – das Motiv der Sehnsucht**
Seite 55	Station 3:	**Volks- und Kunstmärchen:** Extrablatt; evtl. Computer mit Internetanschluss
Seite 59	Station 4:	**Die Fantastische Literatur**: Extrablatt

Vormärz/Biedermeier (ca. 1830–1848/1820–1850)

Die Seiten 62 bis 74 sind in entsprechender Anzahl zu vervielfältigen und den Schülern bereitzulegen. Als Möglichkeit zur Selbstkontrolle können Lösungsseiten zur Verfügung gestellt werden.

Seite 62	Station 1:	**Die Politisierung der Literatur:** Extrablatt
Seite 65	Station 2:	**„Was ist das, was in uns lügt, mordet, stiehlt?“ – Georg Büchner:** Extrablatt
Seite 69	Station 3:	**Die Kunstauffassung Georg Büchners:** Extrablatt
Seite 72	Station 4:	**Der Biedermeier – ein Lebensgefühl:** Extrablatt. Das Bild kann auf der im Quellennachweis angegebenen Internetseite auch in Farbe ausgedruckt werden.

Laufzettel

für ______________________________

Pflichtstationen

Stationsnummer	erledigt	kontrolliert
Nummer _____		
Nummer _____		
Nummer _____		
Nummer _____		
Nummer _____		
Nummer _____		
Nummer _____		
Nummer _____		
Nummer _____		
Nummer _____		

Wahlstationen

Stationsnummer	erledigt	kontrolliert
Nummer _____		
Nummer _____		
Nummer _____		
Nummer _____		

Station 1

Der Übergang vom Mittelalter zur Neuzeit 1

Name: ____________________

Das **Spätmittelalter** (ca. 1250–1500) und die Periode der **Frühmoderne** (ca. 1450–1600) gehen ineinander über. Viele Entwicklungen bedingten sich gegenseitig. **Renaissance, Humanismus und Reformation** gelten heute als besondere Stationen für einschneidende Veränderungen im politischen, gesellschaftlichen und kulturellen Bereich. Während in Italien, dem Ursprungsland der Renaissance und des Humanismus, bereits um 1300 ein Wandel einsetzte, zeigten sich die Ausläufer in Deutschland erst 150 Jahre später mit aller Kraft.

Aufgabe

Setze in den folgenden Lückentext die passenden Begriffe ein.

95 1492 Ablasshandel Adel und Klerus Augsburger Religionsfrieden
Bürgerkultur Bürgertum christlich-katholische Dreißigjährigen Krieg
Entdeckungen und Erfindungen Erasmus von Rotterdam
feudale Ständegesellschaft Florenz Geburt geozentrische Weltbild
gottgegebene Ordnung Handel und Handwerk Heiligen Schrift Indien
Klöster Latein Martin Luther Menschenwürde Nikolaus Kopernikus
Reformation Renaissance Städte Wissenschaften

Die **alteuropäische Gesellschaft des Spätmittelalters** war eine ____________________ ____________. Dem Bauernstand standen ________________________ gegenüber. Mit dem Verweis auf die „________________________“ wurde die Zuordnung des Standes durch die ________________ legitimiert. Soziale Aufstiege waren nicht möglich. Der überwiegende Teil der Bevölkerung konnte nicht frei über sein Leben verfügen und stand in wirtschaftlicher Abhängigkeit.

Die ____________________ Religion war die alles bestimmende Kraft. Ihre Lehre prägte Weltbild und Lebensauffassung, Werte, Sitten und Gebräuche. Die ______________ waren alleinige Kultur- und Bildungsträger – sie bewahrten auch die Schriften der antiken Philosophen. Die Auslegung der ____________________ oblag allein der amtlichen Kirche. Die herrschende Schriftsprache war in ganz Europa ____________. Selbst die meisten Adeligen aber waren in dieser alten Sprache nicht ausgebildet, ganz zu schweigen vom einfachen Volk, das meist gar nicht lesen und schreiben konnte.

Wichtig für den **gesellschaftlichen Übergang vom Spätmittelalter zur Frühen Neuzeit** war die wachsende Bedeutung der ____________ (Ende des 15. Jahrhunderts ca. 3000 in Deutschland). In diesen aufstrebenden Ballungszentren konzentrierten sich besonders die Gewerbe____________ ________________________. Die Kaufleute bildeten einen neuen Stand, der es in Sachen Wohlstand mit dem Adel aufnehmen konnte: das ____________________.

Station 1

Der Übergang vom Mittelalter zur Neuzeit 2

Name: ______________________

Diese Entwicklung wirkte sich wiederum auf das kulturelle Leben aus. Italien war das Vorbild. In Metropolen wie ________________ war bereits im 13. Jahrhundert eine ________________ ______________ entstanden. Der Gegensatz zwischen dem beruflichen Erfolg sowie dem kulturellen Einfluss und dem gesellschaftlichen Rang – nach wie vor stand das Bürgertum hinter dem Adel zurück – verstärkte die Kritik am feudalen System.

Die großen ____ fielen in die **Epoche der Frühen Neuzeit**. Die Weltsicht und das Bild vom Menschen veränderten sich. Wagemut und Erfindergeist standen dabei aber oft im Widerspruch zu der tradierten Meinung der Kirche. Als Christoph Kolumbus (1451–1506) ____________ den amerikanischen Kontinent betrat und fünf Jahre später Vasco da Gama (1469–1524) einen neuen Seeweg nach ________________ entdeckte, geriet die Theorie von der Erde als Scheibe ins Wanken. 1514 wies der polnische Astronom und Arzt ______________________________ (1473–1543) nach, dass sich die Erde um die Sonne dreht. Damit wurde das ________________________________, das während des Mittelalters als unantastbar gegolten hatte, in Frage gestellt. Nicht mehr die Kirche, sondern die ______________________ besaßen nun das Wissensmonopol.

Auch der Blick auf den Menschen wandelte sich. Die darstellende Kunst der ____________________ stellte das Individuum in den Mittelpunkt. Der Humanismus trug, von Italien ausgehend, die Idee der ________________________ durch Europa. Gelehrte wie ______________________________ (verm. 1466–1536) und Ulrich von Hutten (1488–1523) fielen durch eine kirchenkritische Haltung auf. Die Beziehung zwischen dem Einzelnen und der Religion wurde in ein neues Licht gerückt. Man verstand das Leben nicht mehr nur als Vorbereitung auf das Jenseits, im Fokus stand nun auch das Dasein im Hier und Jetzt, das Leben im Diesseits.

Einen weiteren folgenreichen Einschnitt stellt die ____________________ dar, die die christliche Kirche spaltete. Aus Ärger über den ________________________ der katholischen Kirche veröffentlichte der Mönch und Theologe ________________________ (1483–1546) im Jahre 1517 seine ________ Thesen. Seine Übersetzung der Bibel ins Deutsche (1522–1534) war ein entscheidender Schritt für die endgültige Ablösung des Lateinischen als Schriftsprache.

Der Glaubensstreit breitete sich in vielen Teilen Europas aus. 1555 erklärte der ______________ __________________________ beide Konfessionen als gleichberechtigt. Von einem tatsächlichen friedlichen Zusammenleben zwischen Katholiken und Protestanten war man aber noch weit entfernt. So blieb die Frühe Neuzeit eine Epoche der sozialen und politischen Unruhen und der Kriege, die schließlich im __________________________________ (1618–1648) ihren Höhepunkt erreichten.

Station 2

Name: ____________________

Ein neues Menschenbild 1

Der Begriff **Renaissance** (franz. **„Wiedergeburt“**) wurde erst im 19. Jahrhundert geprägt, um jene zwei Jahrhunderte andauernde Epoche zu bezeichnen, die als Übergang vom Mittelalter zur Neuzeit verstanden wird. In diesen Zeitraum fielen große Entdeckungen und Erfindungen. Italien war die Geburtsstätte dieser europaweiten Bewegung.
Mit dem Begriff Wiedergeburt spielt man auf den großen Einfluss antiken Denkens an. In der Kunst bedeutete die Rückbesinnung auf die Antike die Weiterentwicklung und Erneuerung bekannter Techniken. Die Übersetzungen der Schriften antiker Denker wiederum beflügelten ein neues Selbstverständnis des Individuums und veränderten in Verbindung mit dem antiken ***humanitas*-Gedanken** (lat. **„Menschennatur“, „Menschlichkeit“**) das Bildungsideal und die Einstellung zu kirchlichen Dogmen.
Der italienische Dichter Dante Alighieri (1265–1321) ging in seinen Werken bereits vor der eigentlichen Phase der Renaissance eine neuartige Verbindung zwischen Antike und Mittelalter ein. Mit dem Einfluss von Gelehrten wie Francesco Petrarca (1304–1374) verbreitete sich der **Humanismus,** welcher wiederum die **Reformationsbewegung** anstieß.

Lies dir den folgenden Auszug aus Jacob Burckhardts „Die Kultur der Renaissance“ genau durch und beantworte anschließend die Fragen.

Entwicklung des Individuums

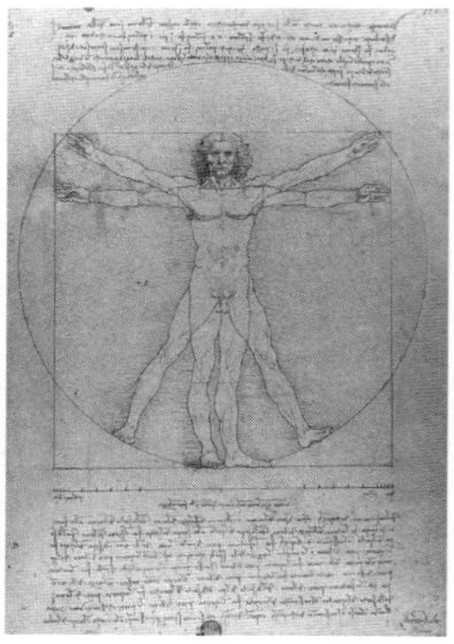

Im Mittelalter lagen die beiden Seiten des Bewusstseins – nach der Welt hin und nach dem Innern des Menschen selbst – wie unter einem gemeinsamen Schleier träumend oder halbwach. Der Schleier war gewoben aus Glauben, Kindesbefangenheit und Wahn; durch ihn hindurchgesehen erschienen Welt und Geschichte wundersam gefärbt, der Mensch aber erkannte sich nur als Rasse, Volk, Partei, Korporation, Familie oder sonst in irgend einer Form des Allgemeinen. In Italien zuerst verweht dieser Schleier in die Lüfte; es erwacht eine *objektive* Betrachtung und Behandlung des Staates und der sämtlichen Dinge dieser Welt überhaupt; daneben aber erhebt sich mit voller Macht das *Subjektive*; der Mensch wird geistiges *Individuum* und erkennt sich als solches.

Aus: Jacob Burckhardt: Die Kultur der Renaissance in Italien

Aufgabe 1

Wie beschreibt Jacob Burckhardt den Menschen des Mittelalters, seinen Blick auf sich selbst und auf die Welt? Was zeichnet im Gegensatz dazu den „modernen“ Menschen der Renaissance aus? Notiere deine Antworten auf einem Extrablatt.
Tipp: Lege dir hierzu eine zweispaltige Tabelle an (Spalte 1: Der Mensch des Mittelalters, Spalte 2: Der „moderne“ Mensch der Renaissance).

Name: ____________________

Ein neues Menschenbild 2

Die **Humanisten** genossen oftmals großes Ansehen bei kirchlichen Vertretern, obwohl sie eine andere Auffassung von der Stellung des Menschen in der Welt vertraten. Sie setzten der **theozentrischen Weltsicht** das **anthropozentrische Weltbild** entgegen.

Aufgabe 2

Versuche mithilfe der Abbildung des „Vitruvianischen Menschen" (1492) von Leonardo da Vinci die beiden Begriffe theozentrisches Weltbild und anthropozentrisches Weltbild zu erklären.

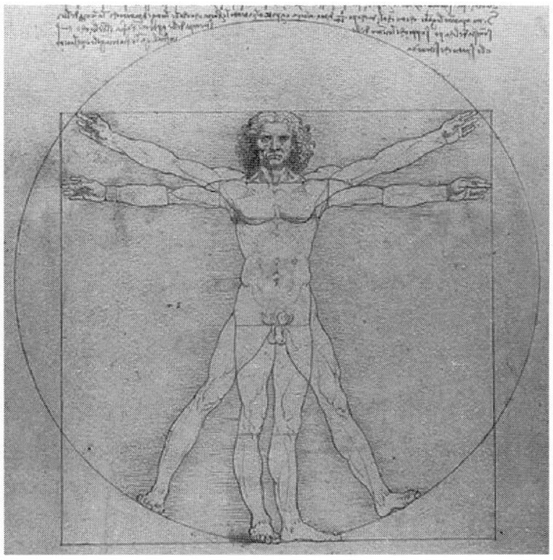

Das **theozentrische Weltbild** (gr. *theos* = „Gott") ist eine ____________________ geprägte Weltsicht, bei der Gott ____________________. Er bestimmt ____________________ ____________________.

Das **anthropozentrische Weltbild** (gr. *ánthropos* = „Mensch") ____________________ ____________________ ____________________ ____________________.

Der **Humanismus** war der geistige Motor der Renaissance. Im Zentrum stand das Studium der antiken Sprachen, der Literatur und Philosophie. Die Humanisten forderten eine umfassende theoretische und moralische Bildung als Grundlage für die Entfaltung des Individuums. Als ihr Ideal verehrten sie den ***l'uomo universale***, den allseitig gebildeten Menschen, der im Grunde alles tun kann, was er tun will.

Aufgabe 3

1. Welche der folgenden Begriffe lassen sich den Humanisten zuordnen? Kreise die jeweiligen Begriffe ein.

Universalgelehrte — Jenseits — heliozentrisches Weltbild

Diesseits — Ablehnung — Dogmen — Kirchengelehrte

Theorien — Neugier — geozentrisches Weltbild

2. Was verbindest du mit dem Begriff Humanismus oder Humanität? Schreibe deine Überlegungen auf ein Extrablatt. Überlege dir auch konkrete Beispiele.

Station 3

Name: ______________________

Verbindung zwischen Renaissance, Humanismus und Reformation (Trimino)

Aufgabe

Die neun Dreiecke stellen, richtig zusammengesetzt, die Verbindung zwischen Renaissance, Humanismus und Reformation dar.
Schneide zunächst die Dreiecke aus. Ordne anschließend die Kurzinformationen und Begriffe an den Seitenrändern der Dreiecke einander zu und setze die Dreiecke in Form einer großen Pyramide zusammen. Die unterstrichenen Begriffe markieren Spitze und Boden der Pyramide.
Klebe die Pyramide richtig zusammengesetzt auf ein Extrablatt.

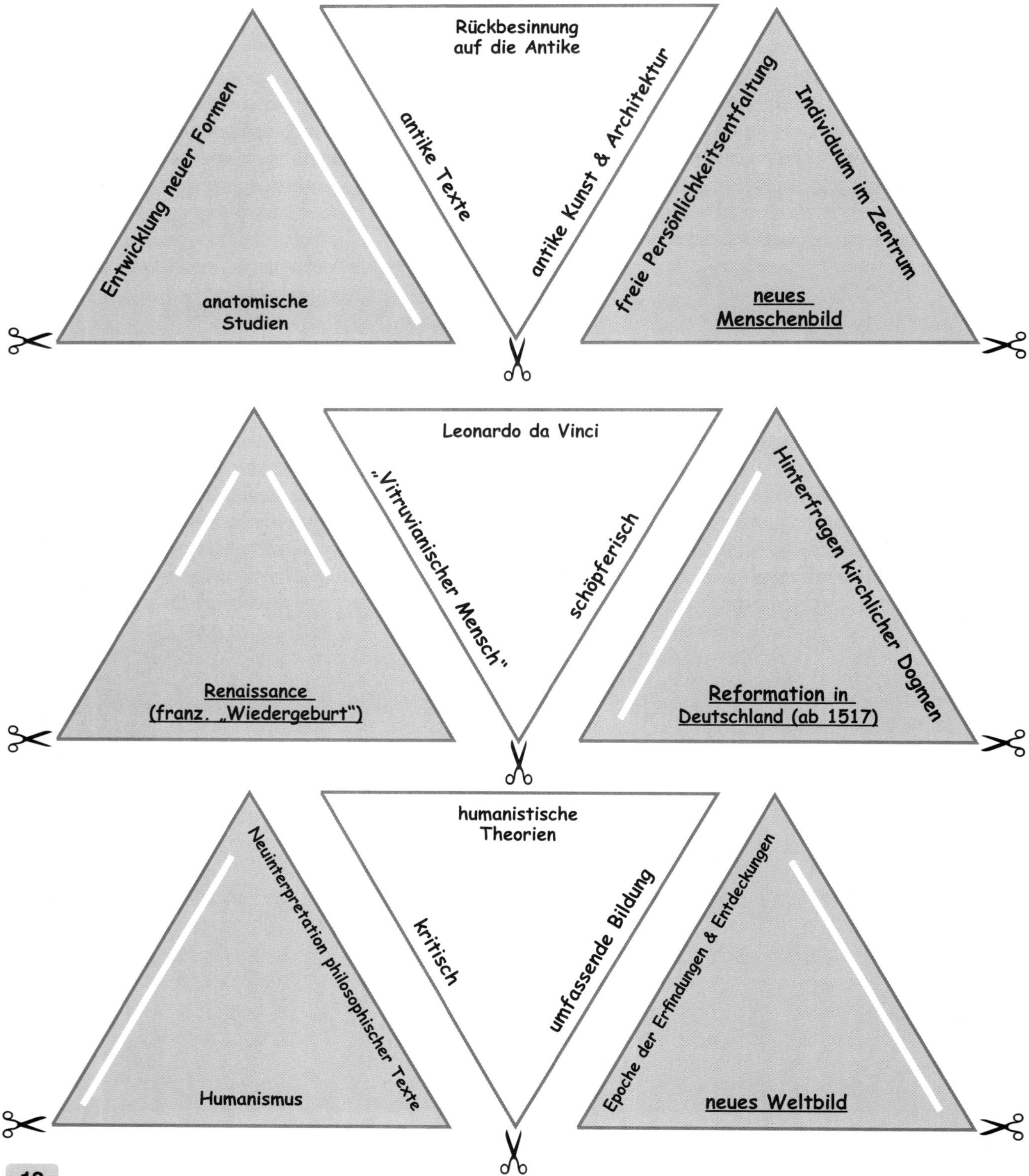

Name: ____________________

Spott und Witz – die Satire 1

Mit dem **Übergang in die Neuzeit entstand ein Literaturmarkt**, wie es ihn zuvor nicht gegeben hatte. Die vormalige mittelhochdeutsche Literatur (ca. 1100–1470) war höfisch geprägt. Das Publikum hatte sich an mündlichen Vorträgen wie Minnesang und Heldenepen erfreut. Angebot und Nachfrage waren allein von adeligen Kunstförderern bestimmt worden. Der Wegfall des Ritterstandes, das Aufkommen eines selbstbewussten Stadtbürgertums und technische Errungenschaften brachten jedoch eine Veränderung.
Die junge neuhochdeutsche Literatur der Renaissance stand unter dem Einfluss des Humanismus und der Reformation. Neben Predigten und religiösen Streitschriften entwickelten sich zwischen 1470 und 1600 besonders die **Satire** (Station 3) und **volkstümliche Erzählungen, z. B. der Schwank** (Station 4), zu typischen literarischen Gattungen. Diese neue Literatur sollte jedoch nicht nur der Unterhaltung dienen. In den chaotischen Zeiten des Umbruchs musste sie auch Rückhalt und Orientierung bieten. Im Mittelpunkt stand daher die Belehrung über Sitte und Moral. Die **Komik** aber wurde dabei zum bevorzugten Mittel der gelehrten geistlichen und bürgerlichen Autoren.

Lies dir den folgenden Informationstext zur Satire sowie den Auszug aus dem 17. Kapitel „Von unnützem Reichtum“ aus „Das Narrenschiff“ von Sebastian Brant (1457/58–1521) genau durch und beantworte anschließend die Fragen.

Die Satire

Mit dem Begriff Satire kann man sowohl die Darstellungsweise eines Textes als auch eine eigene literarische Gattung umschreiben.
In der Renaissance war die Satire bei Reformatoren und Humanisten beliebt. Die Reformatoren benutzten diese Gattung gern als Mittel der Polemik, um in Streitschriften und Bildsatiren ihre Gegner bloßzustellen. Die humanistische Satire wiederum trat vor allem in Form der Narrenliteratur auf.
Das erfolgreichste und bekannteste Werk der Zeit ist „Das Narrenschiff“ (1494) von Sebastian Brant (1457/58–1521). Hier werden 112 Narren mit einem Schiff nach Narragonien geschickt. Jedes Kapitel beschäftigt sich mit je einer Eitelkeit, Dummheit oder Narretei, die der Autor Sebastian Brant bei seinen Zeitgenossen ausgemacht zu haben glaubte.

Station 4

Name: ____________________

Spott und Witz – die Satire 2

Sebastian Brant: „Das Narrenschiff“ (1494)

Wer Gut hat, sich ergötzt damit
Und teilt es nicht dem Armen mit,
Dem wird versagt die eigne Bitt’.

17. Von unnützem Reichtum

Die größte Torheit in der Welt
Ist, dass man ehrt *vor* Weisheit Geld
Und vorzieht einen reichen Mann,
Der Ohren hat und Schellen dran;
[…]
Einem jeden glaubt so viel die Welt,
Als er trägt in der Tasche Geld:
„Herr Pfennig!“,[1] der muss stets vornan.
[…]
Die Reichen lädt man ein zu Tisch
Und bringt ihnen Wildbret, Vögel, Fisch,
Und tut ohn Ende ihnen hofieren,
Dieweil der Arme vor der Türen
Im Schweiß steht, dass er möcht erfrieren.
Zum Reichen spricht man: „Esset, Herr!“
O Pfennig, man gibt *dir* die Ehr;
Du schaffst, dass viel dir günstig sind:
Wer Pfennige hat, viel Freund’ gewinnt,
Den grüßt und schwagert jedermann.
Hält einer um ’ne Ehfrau an,
Man fragt zuerst: „Was hat er doch?“
Wer fragt nach Ehrbarkeit denn noch
Oder nach Weisheit, Lehre, Vernunft?
[…]
Kunst,[2] Ehre, Weisheit gelten nicht,
Wo an dem Pfennig es gebricht.
Doch wer sein Ohr vor dem Armen stopft,
Den hört Gott nicht, wenn er auch klopft.

[1] *Pfennig* steht für Geld, Reichtum.
[2] Gemeint ist weniger die bildende Kunst als vielmehr die Wissenschaft.

Aufgabe 1

1. Was kritisiert der Autor Sebastian Brant? Wen kritisiert der Autor? Wer ist der Narr? Schreibe deine Antworten auf ein Extrablatt.

2. Welche satirischen Mittel verwendet Sebastian Brant? Notiere Stichpunkte auf einem Extrablatt. Tipp: Auf dem Beiblatt findest du eine Definition des Begriffs Satire.

Aufgabe 2

1. Wie lässt sich anhand dieses Beispiels der Begriff lehrhafte Dichtung beschreiben?

Lehrhafte Dichtung: ______________________________

____

2. Welche anderen Beispiele für belehrende Literatur fallen dir ein?

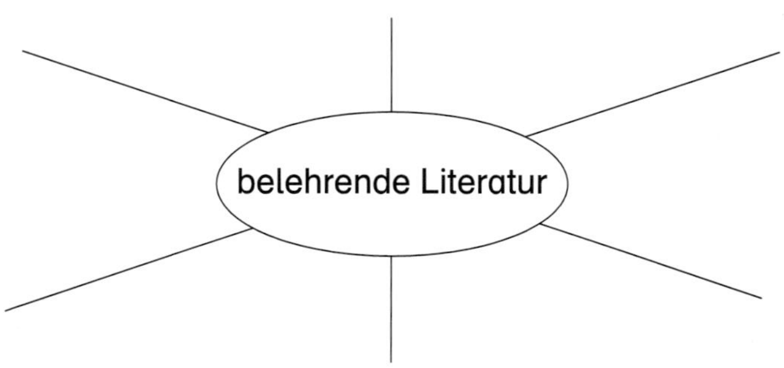

Name:

Spott und Witz – der Schwank 1

Lies dir den folgenden Informationstext zum Schwank sowie den Auszug aus „Der Krämerskorb" von Hans Sachs (1494–1576) genau durch und beantworte anschließend die Fragen.

Der Schwank

Der Schwank wurde zu einer eigenen literarischen Ausdrucksform des Stadtbürgertums. In diesen Erzählungen standen die Konflikte des Zusammenlebens im Vordergrund. Der kurze, lustige, aber oft derbe Schwank war ein Ventil für angestaute Frustration und unerfüllte Wünsche.

Mit dem Schwank verwandt sind die Fastnachtspiele, die sich aus den städtischen Fastnachtsfeiern entwickelten. Aus dem ursprünglichen Vortrag von Zoten (= anzügliche Witze) entstanden mehr und mehr kurze Szenen, die von Spielgruppen vorgetragen wurden. Auch hier war die Handlung einfach gestrickt und kreiste um Verwechslungen, Verkleidungen und sexuelle Anspielungen. Aus dem Fastnachtspiel entwickelte sich später das Drama. Hans Sachs (1494–1576) gilt als der wohl bekannteste deutsche Autor von Schwänken und Fastnachtspielen.

Hans Sachs: „Der Krämerskorb" (1554)

– Im Originalton wiedergegeben –

Ein Knecht soll für seinen Herrn Wein holen. Er verspätet sich und erklärt dies seinem Herrn, wobei auch dessen Frau anwesend ist.

KNECHT HEINTZ spricht.
Ach mein herr, zürnet nicht darumb!
Ich kam zu eim seltzamen strauß[1], [...]
Dort oben bey dem gülden horn
Da het ein krämr[2] mit spiel verlorn
Sein gelt, drumb thet sein weib in plagen
Und wolt den krämerskorb nit tragen,
Und gaben also wort umb wort,
Biß doch der krämer an dem ort
Den korb sie wolt zu tragen nöten.
Sie [...] thetten einander weidlich puffen[3],
Biß ich und ander leut zu-luffen
Und rissen sie kaum von einander. [...]

DIE FRAW spricht.
Dem krämer ist nit unrecht gschehen,
Daß er den korb hat müssen tragen,
Weyl er in den vorigen tagen
Sein bargeldt alles het verspilt,
Mit würffl und karten vermutwilt.
Wer ich die krämerin gewesen,
Wolt im den text auch habn gelesen,
Wolt den korb auch nit tragen han.

DER HERR spricht.
Wer ich denn gwest der krämersmann,
Wenn ich gleich hett verspielt das geldt,
Hett drumb nit tragen uber veldt
Den korb; es ghört den frawen zu,
Daß iede den korb tragen thu,
Weyl sie zu tragen sind verpflicht
Tag und auch nacht, wie man denn spricht:
Der mann der sol seyn herr im hauß, [...]
Das weib aber sey unterthenig,
Gehorsam und nit widerspennig
Dem mann und thu den korb nachtragen. [...]
Die Meinungsverschiedenheit zwischen den Eheleuten wird immer heftiger und eskaliert in einer Schlägerei. Schließlich gehen beide ab.

→

[1] *strauß:* Streit
[2] *krämr:* veraltete Bezeichnung für „Händler"
[3] *weidlich:* kräftig, reichlich; *puffen:* anstupsen, leicht stoßen

Station 5

Name: ____________________

Spott und Witz – der Schwank 2

KNECHT HEINTZ (kombt und) spricht.
Sol einer nit von wunder sagen?
Was haders[4] hat sich da zutragen
Von dises krämerkorbes wegen?
Ich glaub, der teuffel sey drinn glegen.
Zum nechsten wil ich schweygen still,
Kein newe mehr[5] haim-bringen will.

Die Köchin tritt auf und fragt Heinz, warum sich die Eheleute gestritten haben. Er erzählt ihr die Geschichte der zankenden Krämersleute und, dass die Hausherrin Partei für die Frau ergriff, während der Herr dem Krämer zustimmte. Die Köchin pflichtet darauf den Damen zu; der Knecht wird wütend.

HEINTZ, DER KNECHT, spricht.
Ey, wie redst du so gar vermessen,
Du rusig, gschmierter küchenratz[6]? […]

DIE KÖCHIN spricht.
Was woltst du than, du spinnenstecher[7]? […]
Woltst du mich nötn den korb zu tragen;
Ich wolt dich stossn, daβ du dest[8] ragen[9].
Was darffst du dich denn rhümen sehr?

Die Beschimpfungen arten in eine Balgerei aus. Als sie sich mit Kochlöffel und Fäusten attackieren, läuft die Köchin davon.

KNECHT beschleust.
[…] Es ist noch war das alt sprichwort,
Sagt, daβ sich sol ein weiser mann
Keins frembden haders nemen an
Und sich gar nichts darmit bekümmer,
Daβ uit an in springen die drümmer,
Theylhafft werd haders, ungemachs.
Den trewen rhat geit auch Hans Sachs.

[4] *haders:* lang andauernder, unterschwelliger Streit
[5] *newe mehr:* Nachricht
[6] *atz:* Mundart für „Ratte“
[7] *spinnenstecher:* Hausknecht, Schwächling
[8] *dest:* desto, umso
[9] *ragen:* sich erheben, sich vor jemandem aufbauen

Aufgabe 1

1. Welche wesentlichen Elemente des Schwanks verwendet Hans Sachs? Notiere Stichpunkte auf einem Extrablatt.
   Tipp: Auf dem Beiblatt findest du eine Definition des Begriffs Schwank.

2. Wodurch baut sich die Komik des Stückes „Der Krämerskorb“ auf? Schreibe deine Überlegungen auf ein Extrablatt.

Vertiefung (nach Bearbeitung der Stationen 4 und 5)

Du hast nun sowohl einen Auszug aus einer Satire (Sebastian Brant: „Das Narrenschiff“) als auch aus einem Schwank (Hans Sachs: „Der Krämerskorb“) gelesen. Durch welche Merkmale unterscheiden sich Satire und Schwank? Schreibe deine Antwort auf ein Extrablatt.
Tipp: Lege dir eine Tabelle nach folgendem Muster an. Überlege dir noch weitere Kategorien.

Kategorie	Merkmale der Satire	Merkmale des Schwanks
Sprache		
Funktion/Ziel		

Spott und Witz – Literatur der Renaissance (Beiblatt)

Name: ______________________

Die Satire

Die **Satire** (lat. *satira* → *satura lanx* = „mit Früchten gefüllte Schale“, übertragen: „bunt gemischtes Allerlei“) ist eine Spottdichtung. Sie klagt mangelhafte Tugend oder gesellschaftliche Missstände an.

Gegenstände, Mittel und Funktionen der Satire wandelten sich im Laufe der Geschichte immer wieder. Grundsätzlich aber werden der Satire folgende Funktionen zugeschrieben:

- Kritik: Die mangelbehaftete Wirklichkeit wird einem Ideal gegenübergestellt.
- Polemik: Einseitigkeit, Parteilichkeit, Agitation bis hin zur Aggression.
- Didaktik: Direkte oder indirekte Absicht zu belehren und zu bessern.
- Unterhaltung: Nähe zu Formen der Komik und Parodie. Die Satire unterscheidet sich jedoch durch ihre kritische Haltung.

Die Satire bedient sich häufig der Übertreibung, sie stellt Widersprüche in übertriebener Weise dar, sie verzerrt Sachverhalte und Wertvorstellungen, vergleicht sie spöttisch mit einem Idealzustand und gibt sie der Lächerlichkeit preis.

Typische Stilmittel der Satire sind: Parodie[1], Travestie[2] und Persiflage[3]. Der Tonfall ist ironisch, spöttisch und sarkastisch. Eine klare Abtrennung von der Komik, der Parodie oder der Polemik ist meist nicht möglich.

[1] Umbildung oder Nachahmung eines Werkes oder Stils eines anderen Künstlers zum Zweck des Spotts und der Kritik. Voraussetzung ist, dass das Parodierte dem Publikum bekannt ist.

[2] Wie die Parodie überträgt auch die Travestie bekannte Stoffe. Der Unterschied ist, dass die Travestie den Inhalt beibehält und diesen in eine ihm nicht angemessene Form überträgt. Die Parodie ändert den Inhalt unter Beibehaltung der äußeren Form.

[3] Feine, geistreiche Verspottung durch übertriebene oder ironische Darstellung oder auch Nachahmung.

Der Schwank

Der **Schwank** (mhd. *swanc* = „lustiger Einfall“) ist volksnah, lehrhaft-spöttisch und in Form einer Erzählung oder eines Theaterstücks verfasst.

Der Schwank entwickelte sich bereits im Laufe des 13. Jahrhunderts zu einer eigenständigen literarischen Form. Im 16. Jahrhundert erlebte der Schwank seine Blütezeit. Es kamen zahlreiche Sammlungen auf dem Markt, z. B. „Das Rollwagenbüchlein“ (1555) von Jörg Wickram. Der Schwank hatte sich inzwischen zu einer besonderen literarischen Ausdrucksform des Bürgertums entwickelt. Die Verfasser entstammten meist dem bürgerlichen Milieu, blieben aber zumeist anonym.

Charakteristisch für den Schwank ist die Geradlinigkeit der Geschichte. Das Geschehen steuert direkt auf einen Höhepunkt, die Pointe, zu. Es gibt keine Nebenhandlungen. Zumeist handelt der Schwank von Streitereien über Alltäglichkeiten. Die Komik und Besonderheit entsteht dadurch, dass die streitenden Parteien unterschiedlichen sozialen Schichten angehören.

Häufig spielt auch das gegenseitige Übertrumpfen eine Rolle: Eine handelnde Person wird betrogen, rächt sich aber, indem der Betrüger überlistet wird.

Die Charaktere sind Stereotype, die immer wieder zum Einsatz kommen (z. B. betrunkene Ehemänner, liebeshungrige Geistliche, betrügerische Kaufleute). Auch die Inhalte sind einander ähnlich (Ehekrach, Untreue usw.). Neben Beschimpfungen kann es auch zu Prügeleien kommen.

Die Sprache des Schwanks ist dabei volkstümlich, einfach und häufig auch derb.

Station 1

Leben in Widersprüchen – die barocke Weltsicht 1

Name: ____________________

Das zentrale Ereignis des 17. Jahrhunderts war der **Dreißigjährige Krieg (1618–1648)**, der als Religionskrieg begann und sich zum Kampf um die Vormacht in Mitteleuropa ausweitete. Die Folgen dieses Krieges waren verheerend und brachten dem Heiligen Römischen Reich Deutscher Nation erhebliche politische, wirtschaftliche und kulturelle Verluste ein. Die deutsche Bevölkerung war durch die Kriegsgeschehnisse und das Wüten der Pest um ein Drittel geschrumpft. Während sich die Landesfürsten an den Höfen der vielen Kleinstaaten bemühten, dem absolutistischen Hofstaat des siegreichen französischen Königs Ludwig XIV. in all seinem Prunk nachzueifern, lebte der überwiegende Teil der Menschen im Elend.

Das Zeitalter des **Barock** war geprägt von **Widersprüchen**. Die Lehre, die man aus dem Krieg zog, war die **Vergänglichkeit** allen Seins. Das Lebensgefühl der Menschen bewegte sich zwischen Verschwendungssucht und Enthaltsamkeit, Schein und Sein, Lebensgier und Todesgewissheit, zwischen der Ausrichtung auf das Jenseits und der Konzentration auf das Diesseits. So standen auch die Schlagworte der Epoche – ***memento mori*** („Gedenke des Todes/des Sterbens!") einerseits und ***carpe diem*** („Nutze den Tag!") andererseits – in Wechselbeziehung zueinander. Beiden Einstellungen gemeinsam ist der Gedanke, dass alle irdischen Güter, alles Glück und aller Reichtum nicht nur eine Laune des Schicksals, sondern auch vergänglich sind. Das Gedicht „Es ist alles eitel" von Andreas Gryphius (1616–1664) beschreibt beispielhaft den alles durchdringenden ***vanitas***-Gedanken.

Die geschichtlichen Hintergründe und das widerstreitende Lebensgefühl hatten auf die Literatur des Barock (ca. 1600–1720) entscheidenden Einfluss. Zentrale Themen der Dichtung waren Religion (Trost im Glauben) und mystische Schwärmerei, Tod und Leben, Krieg und Liebe. Die *vanitas* (lat. „Vergänglichkeit", „Eitelkeit"), die Allgegenwart des Todes, aber auch die reine Lebenslust waren wiederkehrende Motive. All diese Erfahrungen prägten darüber hinaus Stil und Form der Dichtung. Martin Opitz (1597–1639) verfasste die erste deutsche **Regelpoetik** – eine Anleitung für das Dichterhandwerk. Die Suche nach einer formalen Ordnung in der Literatur kann wohl als Zeichen verstanden werden, das sich gegen das Chaos der Welt richtete.

Aufgabe

Lies dir den obigen Informationstext noch einmal genau durch und setze anschließend in das Schaubild die passenden Begriffe ein.

Architektur — *carpe diem* — Diesseits — Dreißigjähriger Krieg — Jenseits
Literatur — Malerei — *memento mori* — Pomp und Prunk — Regelpoetik
vanitas-Gedanke — vergänglich

Station 1

Leben in Widersprüchen – die barocke Weltsicht 2

Name: ____________________

Erfahrung:

____

Auswirkung auf

Lebensgefühl / Weltsicht

durchdrungen vom ...

____________________________________:

Alles ist ____________________,

alles ist nur eitler Schein.

Zeigt sich im Motiv des ...

____________________________________:

Hinwendung zum ______________,

Allgegenwart des Todes

____________________________________:

Hinwendung zum ______________,

Lebenshunger

zu finden in ...

______________________________:

religiöse und weltliche Abbildungen;

Vergänglichkeit, Wandel, Schein und Sein

______________________________:

____

(z. B. prachtvolle Kirchenbauten und Schlossanlagen)

______________________________:

Inhalt:

Tod, Sterben, Krankheit;

Genuss und Sinnlichkeit;

religiöse Literatur

Form: Ordnung durch

____

(„jedem Inhalt seine gerechte Form“)

Station 2

Name: ____________

Vanitas, memento mori, carpe diem 1

Die Literatur des Barock stand ganz im Zeichen des ***vanitas*-Gedanken** (lat. „Vergänglichkeit“, „Nichtigkeit“, „Schein“, „Eitelkeit“) und der Losungen ***carpe diem*** (lat. „Nutze den Tag!“) und ***memento mori*** (lat. „Gedenke des Sterbens!“). Das Wissen um die Vergänglichkeit allen Seins führte einerseits zu einer verstärkten Hinwendung auf die Freuden des Lebens, andererseits jedoch zu einer Weltsicht, in der alles grau und trist erschien, da hinter allen Dingen nur der Tod lauerte.

Die folgenden beiden Auszüge aus Gedichten stellen die widersprüchlichen Lebensauffassungen des Barock dar. Lies dir die Gedichte genau durch und beantworte anschließend die Fragen.

Gedicht 1

Was sind wir Menschen doch? Ein Wohnhaus grimmer[1] Schmerzen.
Ein Ball des falschen Glücks/ein Irrlicht dieser Zeit.
Ein Schauplatz herber Angst/und Widerwertigkeit/
Ein bald verschmelzter Schnee und abgebrannte Kerzen.
[...]
Was itzund[2] Atem holt/fällt unversehns dahin:
Was nach uns kommen wird/wird uns ins Grab nachziehn.
Was sag ich? Wir vergehn gleich als ein Rauch von Winden.

[1] *grimm*: veraltet für „schlimm“
[2] *itzund*: veraltet für „jetzt“

Gedicht 2

Alles Trauren/Leid und Klage
Wie wir Menschen täglich haben
Eh' uns Clotho[1] fortgerafft
Will ich in den süßen Saft
Den die Traube gibt, vergraben.
[...]
Bitte meine guten Brüder
Auf die Musik und ein Glas:
Kein Ding schickt sich/dünkt mich/bass[2]/
Als ein Trunk und gute Lieder.
Lass ich schon nicht viel zu erben/
Ei so hab ich edlen Wein;
Will mit andern lustig sein/
Wann ich gleich allein muss sterben.

[1] *Clotho* (auch *Klotho*) ist eine der drei Schicksalsgöttinnen (aus der griech. Mythologie), die die Fäden des menschlichen Lebens weben, bemessen und auch zerschneiden. Sie entscheiden über Geburt, Länge des Lebens und Tod.
[2] *bass:* veraltet für „besser“

Station 2

Vanitas, memento mori, carpe diem 2

Name: ______________________

Barock

Aufgabe 1

Die beiden Gedichte spiegeln die unterschiedlichen Lebensauffassungen des Barock wider. Untersuche die jeweilige Sichtweise der Dichter und fülle die Tabelle aus.

Gedicht 1	Gedicht 2
Der Mensch ist …	Das Leben ist …
Die Vergänglichkeit des Lebens wird illustriert durch …	Vor dem einsamen Sterben sollte der Mensch …
Welche Begriffe stellt der Dichter einander gegenüber?	Welche Einstellung hat der Dichter zu Mensch und Schicksal?

Beide Dichter sind sich des Todes bzw. der allgegenwärtigen Vergänglichkeit bewusst.
Der Dichter des ersten Gedichts zieht daraus die Lehre,

____

____

Der Dichter des zweiten Gedichts schlussfolgert,

____

____

Aufgabe 2

Ordne den Titeln die Gedichtauszüge zu.

Martin Opitz: Ode „Carpe Diem“ (1624)

☐ Gedicht 1

☐ Gedicht 2

Andreas Gryphius: „Menschliches Elende“ (1637)

☐ Gedicht 1

☐ Gedicht 2

Station 3

Name: ____________

Geformte Lyrik – das Sonett 1

Das barocke Kunstverständnis stellte die **Form** über den Inhalt. Originalität spielte eine untergeordnete Rolle.
1624 veröffentlichte **Martin Opitz** (1597–1639) das „Buch von der Deutschen Poeterey". Diese **Regelpoetik** blieb lange Zeit das Standardwerk für das poetische Handwerk. Martin Opitz gab hier feste Regeln für Form, Metrik und Sprache vor. Des Weiteren ließen sich hier auch Themenvorschläge finden, wobei wiederum jedem Thema eine geeignete Form zugeschrieben wurde. Das Thema Liebe sollte beispielsweise bevorzugt in der Ode oder im Sonett verarbeitet werden.

Das Sonett

Das Sonett – eine besonders im Barock häufig verwendete Gedichtform – zeichnet sich durch eine typische Grundform aus (vgl. hierzu Aufgabe 1: Steckbrief eines Sonetts), die im Laufe der Zeit jedoch oft abgewandelt wurde.
Die Barockdichter bevorzugten den **strengen Aufbau** des Sonetts samt vorgegebenem Versmaß. Ihnen erschien diese Gedichtform als besonders geeignet, um die **widersprüchliche Gefühlswelt** zwischen Diesseitsbejahung und Jenseitskonzentration zu vermitteln.

Das folgende Gedicht „Es ist alles eitel" von Andreas Gryphius (1616–1664) stellt ein typisches barockes Sonett dar. Lies dir das Sonett genau durch und beantworte anschließend die Fragen.

Andreas Gryphius: „Es ist alles eitel" (1637)

Du siehst, wohin du siehst nur Eitelkeit auf Erden.
Was dieser heute baut, reißt jener morgen ein:
Wo itzund[1] Städte stehn, wird eine Wiese sein
Auf der ein Schäferskind wird spielen mit den Herden:

Was itzund prächtig blüht, soll bald zertreten werden.
Was itzt so pocht und trotzt ist morgen Asch und Bein
Nichts ist, das ewig sei, kein Erz, kein Marmorstein.
Itzt lacht das Glück uns an, bald donnern die Beschwerden.

Der hohen Taten Ruhm muss wie ein Traum vergehn.
Soll denn das Spiel der Zeit, der leichte Mensch bestehn?
Ach! Was ist alles dies, was wir für köstlich achten,

Als schlechte Nichtigkeit, als Schatten, Staub und Wind;
Als eine Wiesenblum, die man nicht wiederfind't.
Noch will was ewig ist kein einig Mensch betrachten!

[1] *itz, itzund*: veraltet für „jetzt"

Station 3

Geformte Lyrik – das Sonett 2

Name: ____________

Glossar poetischer Gestaltungsmittel

***Akkumulation*:** Anhäufung; anstelle eines Oberbegriffs werden mehrere beschreibende Unterbegriffe aneinandergereiht, um die Aussage oder Bildhaftigkeit zu betonen.
***Alexandriner*:** Reimvers mit sechshebigem Jambus; das besondere Kennzeichen ist eine feste Zäsur (= Einschnitt) nach der sechsten Silbe/dritten Hebung, die den Vers in zwei Halbzeilen aufteilt.
***Anapher*:** Wiederholung eines Wortes oder einer Wortgruppe am Anfang von aufeinanderfolgenden Sätzen, Satzgliedern oder Versen
***Antithese*:** Gegenüberstellung von Gegensätzen oder widersprüchlichen Behauptungen
***Hyperbel*:** Übertreibung

Aufgabe 1

Fülle den Steckbrief „Gesucht: Das barocke Sonett" aus. Das obige Glossar poetischer Gestaltungsmittel hilft dir, die entsprechenden Fachbegriffe zu finden bzw. zu verstehen.

Gesucht: Das barocke Sonett

Form: Das Sonett besteht aus insgesamt ____ Versen, aufgeteilt in ____ Quartette (vierzeilige Strophen) und ____ Terzette (dreizeilige Strophen).

Versform: ______________________________

Reimschema:

Strophe 1: __________ Strophe 2: __________ Strophe 3: __________ Strophe 4: __________

Reimart: ____

Stilmittel (Beispiele aus „Es ist alles eitel" von Andreas Gryphius)

Antithese:

____

Akkumulation:

____

Hyperbel:

____

Anapher:

____

Name: ____________________

Geformte Lyrik – das Sonett 3

Aufgabe 2

Die Form dient dem Inhalt. Die Regelpoetik des Barock überließ nichts dem Zufall. Inwieweit unterstützen die Form und die Stilmittel des Sonetts „Es ist alles eitel“ von Andreas Gryphius die Aussageabsicht des Dichters?

Die Kernbotschaft des Dichters lautet: ____________________

____

____

Die Absicht des Dichters ist: ____________________

____

____

Aufgabe 3

Die Form dient dem Inhalt. Welche Funktion haben der typische Sonettaufbau und die stilistischen Mittel im Hinblick auf die inhaltliche Botschaft? Erfüllen sie ihren Zweck?
Belege deine Aussagen anhand von Beispielen aus dem Gedicht „Es ist alles eitel“.

Aufbau und stilistische Mittel	Funktion/Zweck	Beispiel

Aufgabe 4

Versuche nun, selbst ein Sonett zu schreiben. Die Themenwahl ist frei. Achte aber darauf, die äußere Form eines Sonetts einzuhalten. Schreibe dein Sonett auf ein Extrablatt.

Name: ______________

Codierte Kunst – die Allegorie 1

Die Form spielte im Barock eine zentrale Rolle. Die Dichter brachten ihre Gedanken nicht einfach unverblümt zu Papier. Es ging nicht nur darum, etwas zu sagen, wichtiger war vielmehr, wie man etwas sagte. Die **übertragene Bedeutung**, die hinter den einzelnen Formulierungen steckte, war schließlich das Entscheidende.

Der barocke Stil war geprägt von einer **Vielzahl an rhetorischen Figuren, Symbolen und Metaphern**. Diese Überladenheit wurde in späteren Epochen gerne als typisch barocker Schwulst verhöhnt. Für die damalige Zeit verbarg sich dahinter aber ein tieferer Sinn. Die einzelnen „Codes" mussten entschlüsselt werden, um literarische und künstlerische Werke, wie Gemälde, richtig interpretieren zu können.
Zu den beliebtesten Stilfiguren des Barock zählte die **Allegorie** (gr. *allegorein* = „etwas anders sagen", „bildlich reden"). Viele Motive verschrieben sich dabei der bildlichen Darstellung des *vanitas*-Themas. So galt z. B. in der Malerei die Darstellung einer schönen Frau oder eines Kindes als Sinnbild für die Vergänglichkeit. Dem Betrachter sollte auf diese Weise die Botschaft vermittelt werden, dass Schönheit oder Jugend kein ewiger Zustand ist – alles verblüht.

Die Allegorie

Die Allegorie ist eine Darstellungsform, bei der abstrakte Begriffe und Gedankengänge sinnbildlich, durch ein Bild oder eine bildhafte Umschreibung, dargestellt werden. Beispiele sind die Darstellung des Friedens durch einen Ölzweig, die Darstellung des Todes als Sensenmann oder die Darstellung der Gerechtigkeit als Frau mit einer Augenbinde und Waage.
Die Allegorie ist somit ein **Sinnbild**, das zwei voneinander unterscheidbare Bedeutungsebenen aufweist: eine wörtliche und eine sinnbildliche Bedeutungsebene.[1] Die wörtliche Bedeutung ist bereits auf den ersten Blick erkennbar. Die zweite, tiefere Sinndimension erschließt sich erst, wenn man beginnt, das Sinnbild zu hinterfragen.
Die Allegorie wird in sämtlichen literarischen Gattungen und in der bildenden Kunst verwendet.

[1] Im Unterschied zum Symbol sind bei der Allegorie immer diese beiden Bedeutungsschichten voneinander unterscheidbar.

Aufgabe

Auf den folgenden beiden Gemälden findest du verschiedene Gegenstände, hinter denen sich die barocken Motive *vanitas* („Vergänglichkeit", „Eitelkeit", „leerer Schein") und *memento mori* („Gedenke des Sterbens!") verbergen. Lege auf einem Extrablatt eine Tabelle nach dem unten aufgeführten Muster an. Liste die einzelnen Gegenstände in der Tabelle auf und versuche, die Symbole zu entschlüsseln (= decodieren). Notiere dann zu jedem aufgeführten Gegenstand bzw. Begriff eine kurze Erklärung, warum dieser jeweils ein Sinnbild für Vergänglichkeit oder Eitelkeit darstellt.

Gegenstand	Decodierung/Assoziation
Buch/Papier	Kurzweil, triviale Unterhaltung, „totes Papier"

Name:

Codierte Kunst – die Allegorie 2

Adriaen van Utrecht: *Stillleben mit Blumenvase und Totenkopf* (ca. 1642)

Balthasar van der Ast: *Still life with fruits and flowers* (1620–21)

Station 1

Name: ____________________

Was ist Aufklärung? 1

Die Aufklärung war weit mehr als nur eine literarische Strömung (in Deutschland zwischen 1720–1800). Sie war eine geistesgeschichtliche Bewegung in weiten Teilen Europas, die bereits im 17. Jahrhundert ihren Anfang nahm.
Vom Königsberger Philosophen **Immanuel Kant** (1724–1804) stammt die maßgebliche Definition des Zeitalters der Aufklärung.

Lies dir den folgenden Auszug aus Immanuel Kants Essay „Was ist Aufklärung?“ genau durch und beantworte anschließend die Fragen.

Auszug aus Immanuel Kant: „Was ist Aufklärung?“ (1784)

Aufklärung ist der Ausgang des Menschen aus seiner selbst verschuldeten Unmündigkeit. Unmündigkeit ist das Unvermögen, sich seines Verstandes ohne Leitung eines anderen zu bedienen. Selbstverschuldet ist diese Unmündigkeit, wenn die Ursache derselben nicht am Mangel des Verstandes, sondern der Entschließung und des Mutes liegt, sich seiner ohne Leitung eines anderen zu bedienen. *Sapere aude! Habe Mut dich deines eigenen Verstandes zu bedienen!* ist also der Wahlspruch der Aufklärung.

Faulheit und Feigheit sind die Ursachen, warum ein so großer Teil der Menschen, nachdem sie die Natur längst von fremder Leitung freigesprochen, dennoch gerne zeitlebens unmündig bleiben; und warum es Anderen so leicht wird, sich zu deren Vormündern aufzuwerfen. Es ist so bequem, unmündig zu sein. Habe ich ein Buch, das für mich Verstand hat, einen Seelsorger, der für mich Gewissen hat, einen Arzt, der für mich die Diät beurteilt usw., so brauche ich mich ja nicht selbst zu bemühen. Ich habe nicht nötig zu denken, wenn ich nur bezahlen kann; andere werden das verdrießliche Geschäft schon für mich übernehmen. Dass der bei Weitem größte Teil der Menschen (darunter das ganze schöne Geschlecht) den Schritt zur Mündigkeit, außer dem dass er beschwerlich ist, auch für sehr gefährlich halte, dafür sorgen schon jene Vormünder, die die Oberaufsicht über sie gütigst auf sich genommen haben. Nachdem sie ihr Hausvieh zuerst dumm gemacht haben und sorgfältig verhüteten, dass diese ruhigen Geschöpfe ja keinen Schritt außer dem Gängelwagen, darin sie sie einsperrten, wagen durften, so zeigen sie ihnen nachher die Gefahr, die ihnen droht, wenn sie es versuchen, allein zu gehen. Nun ist diese Gefahr zwar eben so groß nicht, denn sie würden durch einige Mal Fallen wohl endlich gehen lernen. Allein ein Beispiel von der Art macht doch schüchtern und schreckt gemeinhin von allen ferneren Versuchen ab.

Es ist also für jeden einzelnen Menschen schwer, sich aus der ihm beinahe zur Natur gewordenen Unmündigkeit herauszuarbeiten. Er hat sie sogar lieb gewonnen und ist vor der Hand wirklich unfähig, sich seines eigenen Verstandes zu bedienen, weil man ihn niemals den Versuch davon machen ließ. […]

Zu dieser Aufklärung aber wird nichts erfordert als Freiheit, und zwar die unschädlichste unter allem, was nur Freiheit heißen mag, nämlich die: von seiner Vernunft in allen Stücken öffentlichen Gebrauch zu machen. Nun höre ich aber von allen Seiten rufen: räsoniert nicht! Der Offizier sagt: räsoniert nicht, sondern exerziert! Der Finanzrat: räsoniert nicht, sondern bezahlt! Der Geistliche: räsoniert nicht, sondern glaubt! […] Hier ist überall Einschränkung der Freiheit. […]
Wenn denn nun gefragt wird: Leben wir jetzt in einem aufgeklärten Zeitalter? So ist die Antwort: Nein, aber wohl in einem Zeitalter der Aufklärung.

Königsberg in Preußen, den 30. September 1784

Name:

Was ist Aufklärung? 2

Aufgabe

Beantworte die folgenden Fragen zu dem Auszug aus Immanuel Kants Essay „Was ist Aufklärung?“.

1. An wen richtet sich Kants Appell?

2. Was kritisiert Kant an der jetzigen Situation? Welche Ursachen nennt er?

3. Was sind die Ziele/Ideale der Aufklärung? Notiere Stichpunkte.

4. Wie passen Vernunft, Verantwortung und Freiheit zueinander?

Station 2

Name: ____________________

Lessings Dramentheorie 1

In der Aufklärung diente die Literatur der **Erziehung und Belehrung**. Die moralische Aussage war das Entscheidende. Der Inhalt war im Vergleich dazu weniger wichtig. Doch auch die Einhaltung bestimmter Regeln, wie z. B. der drei Einheiten und des geordneten Dramenaufbaus, spielte eine Rolle.

Eines der wohl bekanntesten Werke der Aufklärung ist „Nathan der Weise“ von **Gotthold Ephraim Lessing** (1729–1781). Auch hier ist die moralische Aussage das Entscheidende. Lessing wollte durch seine Dramen das Publikum moralisch erziehen. Im gesamten Werk Lessings steht die Bedrohung der bürgerlichen Tugend im Zentrum der Handlung. Lessing setzte sich aber auch in theoretischer Weise mit dem Drama auseinander und verfasste eine Dramentheorie, die „**Hamburgische Dramaturgie**“ (1767–1769). Er stellte sich gegen die strenge Regelpoetik und forderte grundlegende Neuerungen, wie z. B. die Abschaffung der Ständeordnung. Laut der Ständeordnung sollten die Figuren der Tragödie dem Adel entstammen, die Charaktere der Komödie sollten Bürgerliche oder Menschen aus dem niederen Volk sein.

Lies dir die folgenden Zitate Gotthold Ephraim Lessings (1729–1781) genau durch und beantworte anschließend die Fragen.

1. „Das Trauerspiel soll so viel Mitleid erwecken, als es nur immer kann; folglich müssen alle Personen, die man unglücklich werden lässt, gute Eigenschaften haben, folglich muss die beste Person auch die unglücklichste sein und (folglich müssen) Verdienst und Unglück in beständigem Verhältnisse bleiben. Das ist, der Dichter muss keinen von allem Guten entblößten Bösewicht aufführen. Der Held oder die beste Person muss nicht, gleich einem Gotte, seine Tugenden ruhig und ungekränkt übersehen.“

November 1756

2. „Das Unglück derjenigen, deren Umstände den unsrigen am nächsten kommen, muss natürlicherweise am tiefsten in unsere Seele dringen; und wenn wir mit Königen Mitleid haben, so haben wir es mit ihnen als Menschen, und nicht als Königen.“

Juni 1767

3. „Man hat ihn [*Aristoteles*] falsch verstanden, falsch übersetzt. Er spricht von Mitleid und Furcht, nicht von Mitleid und Schrecken, und seine Furcht ist durchaus nicht die Furcht, welche uns das bevorstehende Übel eines anderen für diesen anderen erweckt, sondern es ist die Furcht, welche aus unserer Ähnlichkeit mit der leidenden Person für uns selbst entspringt; es ist die Furcht, dass die Unglücksfälle, die wir über diese verhängt sehen, uns selbst treffen können; es ist die Furcht, dass wir der bemitleidete Gegenstand selbst werden können. Mit einem Wort: Diese Furcht ist das auf uns selbst bezogene Mitleid.“

Januar 1768

Name: ______________________

Lessings Dramentheorie 2

4. „In seinen Personen kann es [*das Trauerspiel*] alle möglichen Leidenschaften wirken lassen, […] aber werden auch zugleich alle diese Leidenschaften in den Zuschauern rege? Wird er freudig? Wird er verliebt? Wird er zornig? Wird er rachsüchtig? Ich frage nicht, ob ihn der Poet so weit bringt, dass er diese Leidenschaften in der spielenden Person billigt, sondern ob er ihn so weit bringt, dass er diese Leidenschaften selbst *fühlt* und nicht bloß fühlt, ein anderer fühle sie? […]
Die Bestimmung der Tragödie ist diese: Sie soll *unsere Fähigkeit, Mitleid zu fühlen,* erweitern. Sie soll uns nicht bloß lehren, gegen diesen oder jenen Unglücklichen Mitleid zu fühlen, sondern sie soll uns weit fühlbar machen, dass uns der Unglückliche zu allen Zeiten und unter allen Gestalten, rühren und für sich einnehmen muss. […]
Der mitleidigste Mensch ist der beste Mensch, zu allen gesellschaftlichen Tugenden, zu allen Arten der Großmut der aufgelegteste. Wer uns also mitleidig macht, macht uns besser und tugendhafter […]"

November 1756

Aufgabe

Beantworte die folgenden Fragen zu Gotthold Ephraim Lessings Dramentheorie. Notiere die Antworten auf einem Extrablatt.

1. Um die Zuschauer im Sinne der Aufklärung moralisch erziehen zu können, müssen gewisse Voraussetzungen erfüllt sein. Lessing gibt hier klare Anweisungen.
   Wie sollen nach Meinung Lessings die Bühnencharaktere gestaltet sein und wie die Umstände, in denen sie sich befinden?
2. Furcht und Mitleid sind für Lessing die zentralen Gefühle, die beim Zuschauer erweckt werden sollten. Was versteht Lessing unter diesen Begriffen und welche Rolle spielen sie?
3. Warum ist es, laut Lessing, so wichtig, das Publikum zum Mitleiden zu erziehen?
4. Für Aristoteles bestand die Aufgabe der Tragödie darin, den Zuschauer seelisch zu reinigen. Stelle den *Katharsis*-Prozess dar, wie Lessing ihn sich vorstellte. Ergänze die Lücken im folgenden Schaubild mit den passenden Begriffen.

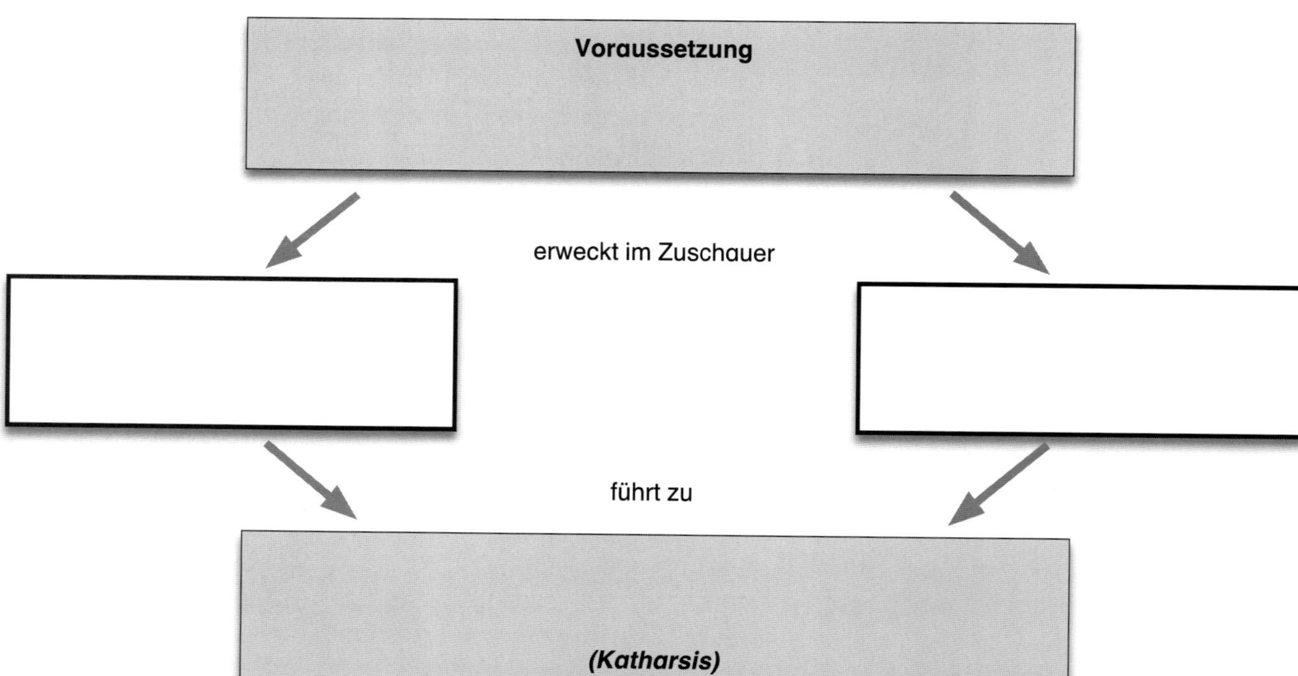

Station 3

Name: ____________________

Literarische Erziehung – die Fabel 1

Die Literatur der Aufklärung stand unter dem Motto ***prodesse et delectare*** (lat. „nützen und erfreuen"). Die Literatur sollte nicht nur unterhalten, sondern auch tugendhaftes und vernunftgemäßes Verhalten lehren.
Eine bei den Aufklärern beliebte literarische Gattung, die diesem Anspruch gerecht werden konnte, war die **Fabel**. Aufgrund ihrer Form und der gezielten Aussage eignete sie sich besonders gut, um den Leser zu belehren und zu erziehen. Bereits in der Antike wurden Fabeln erzählt, im Zeitalter der Aufklärung erlebte die Fabel eine neue Blütezeit.

Lies dir die folgende Fabel „Der Löwe mit dem Esel" von Gotthold Ephraim Lessing (1729–1781) genau durch und beantworte anschließend die Fragen.

Gotthold Ephraim Lessing: „Der Löwe mit dem Esel"

Als des Äsopus Löwe mit dem Esel, der ihm durch seine fürchterliche Stimme die Tiere sollte jagen helfen, nach dem Walde ging, rief ihm eine naseweise Krähe von dem Baume zu: „Ein schöner Gesellschafter! Schämst du dich nicht, mit einem Esel zu gehen?" – „Wen ich brauchen kann," versetzte der Löwe, „dem kann ich ja wohl meine Seite gönnen."
So denken die Großen alle, wenn sie einen Niedrigen ihrer Gemeinschaft würdigen.

Aufgabe 1

1. Der Aufbau der meisten Fabeln ähnelt sich. Die klassische Fabel lässt sich zumeist in folgende Abschnitte gliedern: Ausgangssituation, Konfliktsituation, Lösung.
Wie lässt sich die Fabel „Der Löwe mit dem Esel" gliedern? Beschreibe die einzelnen Elemente kurz und markiere die Abschnitte im Text.

Ausgangssituation: ____

____

Konfliktsituation: ____

____

Lösung: ____

____

Literarische Erziehung – die Fabel 2

Name: ____________________

2. Welche Eigenschaften lassen sich den Tieren zuschreiben? Für welche realen Personen könnten sie stehen?

Löwe: ____________________

→ ____________________

Esel: ____________________

→ ____________________

Krähe: ____________________

→ ____________________

3. Welche Kritik äußert Lessing durch die Fabel? Schreibe deine Antwort auf ein Extrablatt.

Aufgabe 2

1. Fabeln sind „Stellvertretergeschichten“. Anstelle von Menschen treten Tiere auf. Welche Vorteile hat diese „Verkleidung“? Schreibe deine Überlegungen auf ein Extrablatt.

2. Welche Aussagen zur Gattung Fabel treffen zu? Schreibe entweder ein „w“ für wahr oder ein „f“ für falsch in die rechte Spalte der Tabelle.

1.	Die typischen Figuren der Fabel sind Tiere, die sich aber wie Menschen verhalten und sprechen können.	
2.	Den verschiedenen Figuren der Fabel werden jeweils bestimmte Eigenschaften zugesprochen.	
3.	In Fabeln wird versteckt Kritik an gesellschaftlichen und politischen Zuständen geäußert.	
4.	Fabeln sind erdichtete Geschichten, in ihrem Kern steckt jedoch eine wahre Botschaft.	
5.	Fabeln haben viele Nebenhandlungen.	
6.	In Fabeln werden meist zwei Positionen einander gegenübergestellt.	
7.	Fabeln spielen immer zu einer bestimmten Zeit und an einem bestimmten Ort.	
8.	Fabeln zeigen die Verantwortlichkeit für das eigene Handeln.	
9.	Fabeln wurden für das Bildungsbürgertum geschrieben.	

Name: ____________________

Anakreontische Lyrik 1

Die Aufklärung, mit ihrem Anspruch zu erziehen und zu belehren, stand der reinen Unterhaltungsliteratur skeptisch gegenüber. Als literarische Gegenbewegung zu der Erziehungsliteratur der Aufklärer entstand bereits früh eine andere Art der Dichtung: die **Anakreontik**, die sich den **Sinnenfreuden**, der **Geselligkeit**, dem Wein und Gesang widmete. Die Anakreontik wurde gern als seicht, vulgär und ohne jeglichen künstlerischen Anspruch verspottet.

Erarbeite dir anhand des folgenden Gedichts „Der Tag der Freude" von Friedrich von Hagedorn (1708–1754) die Merkmale der anakreontischen Dichtung.
Lies dir das Gedicht genau durch und beantworte anschließend die Fragen.

Friedrich von Hagedorn: „Der Tag der Freude" (1742)

Ergebet euch mit freiem Herzen
Der jugendlichen Fröhlichkeit:
Verschiebet nicht das süße Scherzen,
Ihr Freunde, bis ihr älter seid.
Euch lockt die Regung holder Triebe;
Dies soll ein Tag der Wollust sein:
Auf! ladet hier den Gott der Liebe,
Auf! ladet hier die Freuden ein.

Umkränzt mit Rosen eure Scheitel
(Noch stehen euch die Rosen gut)
Und nennet kein Vergnügen eitel,
Dem Wein und Liebe Vorschub tut.
Was kann das Totenreich gestatten?
Nein! lebend muss man fröhlich sein.
Dort herzen wir nur kalte Schatten:
Dort trinkt man Wasser und nicht Wein.

Seht! Phyllis kommt: O neues Glücke!
Auf! Liebe, zeige deine Kunst,
Bereichre hier die schönsten Blicke
Mit Sehnsucht und mit Gegengunst.
O Phyllis! glaube meiner Lehre:
Kein Herz muss unempfindlich sein.
Die Sprödigkeit bringt etwas Ehre;
Doch kann die Liebe mehr erfreun.

Die Macht gereizter Zärtlichkeiten,
Der Liebe schmeichelnde Gewalt,
Die werden doch dein Herz erbeuten;
Und du ergibst dich nicht zu bald.
Wir wollen heute dir vor allen
Die Lieder und die Wünsche weihn.
O könnten Küsse dir gefallen
Und deiner Lippen würdig sein!

Der Wein, den ich dir überreiche,
Ist nicht vom herben Alter schwer.
Doch, dass ich dich mit ihm vergleiche,
Sei jung und feurig, so wie er.
So kann man dich vollkommen nennen:
So darf die Jugend uns erfreun,
Und ich der Liebe selbst bekennen:
Auf Phyllis Küsse schmeckt der Wein.

Station 4

Anakreontische Lyrik 2

Name: ______________________

Aufgabe 1

1. An wen richtet sich das lyrische Ich?

- ☐ Aufklärer
- ☐ Freunde
- ☐ Kirchenoberhäupter
- ☐ Bürgerliche

2. Was fordert das lyrische Ich? Beachte besonders die ersten beiden Strophen.

____

____

3. Wie beschreibt Friedrich von Hagedorn das Jenseits und das Diesseits? Notiere hierzu Zitate aus dem Gedicht.

„Dort“/Jenseits: ____

____

„Hier“/Diesseits: ____

____

Aufgabe 2

Das lyrische Ich wendet sich im Gedicht „Der Tag der Freude“ direkt an Phyllis.

Phyllis ist eine Gestalt aus der griechischen Mythologie. Weil ihr Geliebter, der ihr die Ehe versprochen hat, nicht zurückkehrt, wählt Phyllis aus Trauer und Gram den Tod. Nach ihrem Tod verwandelt sie sich in einen blattlosen Mandelbaum. Als ihr Geliebter letztlich doch erscheint, umarmt er den blattlosen Mandelbaum. Der Baum treibt daraufhin aus und trägt nun endlich Blätter.

1. Wie stellt Friedrich von Hagedorn die Liebe dar? Welchen Stellenwert hat sie? Beachte besonders die 4. Strophe. Notiere deine Überlegungen auf einem Extrablatt.

2. Was rät das lyrische Ich Phyllis? Schreibe deine Antwort auf ein Extrablatt.

Station 4

Name: ______________________

Anakreontische Lyrik – weiterführende Aufgaben

Weiterführende Aufgaben

1. Ein Merkmal der anakreontischen Lyrik ist die Diesseitsbejahung.
   Welches der folgenden lateinischen Zitate wäre ein passendes Motto für die Anakreontik?

   ☐ *In vino veritas.* („Im Wein liegt die Wahrheit.“)

   ☐ *Amantes amentes.* („Liebende sind von Sinnen.“)

   ☐ *Suum cuique.* („Jedem das Seine.“)

   ☐ *Carpe diem!* („Nutze den Tag!“)

2. Die orthodoxe Kirche äußerte scharfe Kritik an Thema und Ton der anakreontischen Lyrik. Woran könnte dies gelegen haben? Beziehe in deine Überlegungen mit ein, welche Schlussfolgerung das lyrische Ich im Gedicht „Der Tag der Freude“ im Hinblick auf das kurze irdische Leben zieht. Beachte dabei auch das Gottesbild (Strophe 1). Schreibe deine Antwort auf ein Extrablatt.

3. Ist die anakreontische Lyrik tatsächlich nur schwärmerisch und banal – also bloße Unterhaltung? Oder verfolgte sie angesichts des Sitten- und Gesellschaftsbildes des 18. Jahrhunderts auch ein höheres Ziel? Bedenke, dass die politische, kulturelle und soziale Welt immer noch stark vom höfischen Leben geprägt war. Notiere deine Überlegungen auf einem Extrablatt.

4. Wie steht die Anakreontik zu der Forderung der Aufklärer, Denken und Handeln an der Vernunft auszurichten? Schreibe deine Antwort auf ein Extrablatt.

Station 5

Name: ______________________

Literatur des Sturm und Drang (Dominospiel) 1

Spielanleitung:
- 3 Spieler
- 17 Dominokarten (rechts: Frage, links: Antwort)

Die Startkarte liegt aufgedeckt in der Mitte des Tisches aus. Die restlichen 16 Dominokarten werden gemischt und verdeckt auf einen Stapel gelegt. Jeder Spieler zieht zunächst drei Karten.
Der jüngste Spieler beginnt. Kann ein Spieler nicht anlegen, d. h. die passende Antwort auf die Frage ist bei seinen eigenen Karten nicht dabei, zieht er eine Karte vom Stapel. Die gezogene Karte darf gleich angelegt werden, wenn sie zu der ausliegenden Dominokarte passt. Passt auch die gezogene Karte nicht, ist der nächste Spieler an der Reihe. Ist der Kartenstapel aufgebraucht, muss eine Karte vom linken Nachbarn gezogen werden. Kann ein Spieler mehrfach hintereinander anlegen, darf er das tun. Wer als Erster all seine Karten angelegt hat, hat gewonnen.
Tipp: Seid ihr euch bei einigen Fragen/Antworten nicht sicher, recherchiert im Internet.

Start Die Epoche des Sturm und Drang verstand sich als **Gegenbewegung** zu der rein von der Vernunft bestimmten Aufklärung. Sie stellte aber auch eine **literarische Weiterentwicklung** dar.	Von wem stammt das 1776 erschienene **Drama „Wirrwarr“**, das nach seiner Umbenennung der Namenspate der Bewegung wurde?	 **Friedrich Maximilian Klinger**	Klinger schuf in seinem Trauerspiel „Die Zwillinge“ (1776) den ersten **negativen Helden**. Guelfo tötet aus Gier und Eifersucht seinen Bruder. Welches Drama greift das Motiv der **Brüderfeindschaft** auch auf?
„Die Räuber“ (1781) **von Friedrich Schiller**. Während Karl vom Idealismus angetrieben wird, agiert Franz aus verletztem Stolz. Karl glaubt, als Anführer einer Räuberbande seine Vorstellung von Freiheit umsetzen zu können.	**Friedrich Schiller** schuf eine verkehrte Welt: Der Gesetzlose will Gerechtigkeit, seine Taten verstricken ihn in Schuld. Welche **Merkmale** und **Neuerungen** zeichnen das Sturm-und-Drang-Drama „Die Räuber“ aus?	– Abbildung der Lebenswirklichkeit – Behandlung aktueller gesellschaftlicher Probleme: Authentizität statt Idealisierung – Zweifel/Kritik an der sittlichen und familiären Ordnung	Dieser Dramatiker zeichnete sich durch seinen besonderen **Blick für die Wirklichkeit** aus. Seine Werke beruhten auf eigenen Erfahrungen, nicht auf Vermutungen über historische Personen/Ereignisse. Um welchen Dramatiker handelt es sich?
 **Jakob Michael Reinhold Lenz**	**Gesellschaftskritik** war ein Hauptanliegen der Stürmer und Dränger. **„Die Soldaten“** (1776) von Lenz kann als **sozial-kritische Milieustudie** bezeichnet werden. Was macht die Dramen von Lenz so besonders?	– Vermischung komischer und tragischer Elemente (Tragikomödie) – kein reines Happy End – Das Handeln der Figuren ist nicht durch Moral, sondern durch soziale Verhältnisse bestimmt.	Die **Auflehnung des Individuums** gegen die Gesellschaft und der **Kampf um Selbstbestimmung** bedeuteten gleichzeitig Widerstand gegen politische Zwänge. Zu welchem Drama wurde Goethe von einem Raubritter inspiriert?
„Götz von Berlichingen“ (1773). Götz kämpft auf der Seite der Bauern gegen die Leibeigenschaft. Götz ist der Urtypus des **Kraftkerls**: vital, trotzend, freiheitsliebend und seinen Idealen treubleibend.	Welche Figur Goethes repräsentiert das andere Ideal des Sturm und Drang, den **naturverbundenen, gefühlvollen Außenseiter**?	Werther. **„Die Leiden des jungen Werther“** (1774) ist in der Form eines Briefromans geschrieben. Die Monologform erlaubte es, die **innere Gefühlswelt** des Protagonisten offen zu legen.	Unter Zwängen und Ablehnung leidend, muss Werther erfahren, dass auch die Liebe keinen Ausweg bietet. Welches Paar wird ebenfalls aufgrund von **Standesschranken** entzweit?

Station 5

Literatur des Sturm und Drang (Dominospiel) 2

Name: ____________________

Luise (bürgerlich) und Ferdinand (adelig) kämpfen in dem Drama „**Kabale und Liebe**“ (1784) von **Friedrich Schiller** gegen Konventionen und Intrigen.	Bisher war die bürgerliche Tugend durch die Lasterhaftigkeit des Adels bedroht, nun wird auch der bürgerliche Umgang mit der Verführung kritisch beäugt. Welches **Schicksal** ereilt Schillers Figuren?	Luises Vater fordert die Einhaltung der natürlichen Ordnung. Luise beugt sich, ihr Geliebter fühlt sich verraten und betrogen. Schließlich vergiftet er sich und Luise. Die Figuren des Sturm und Drang sind zum **Scheitern** verurteilt.	Aufbauender als die Dramen war die **Lyrik**. Etwas bieder und wenig revolutionär gaben sich die Herren, die sich zum Dichterbund „**Göttinger Hain**“ zusammenschlossen. Welches Gedicht gab ihnen ihren Namen?
 **„Der Hügel und der Hain“** (1767) von **Friedrich Gottlieb Klopstock**	Man begeisterte sich nun für einen **Patriotismus**, der nicht mehr Stand und Herkunft, sondern Vaterland und volkstümliche Sprache und Eigenheiten feierte. Welcher Dichter und Philosoph gab hierfür den Denkanstoß?	 **Johann Gottfried Herder**	Die Poetik der Aufklärer folgte alten Zwängen und Regeln. Herder war ein Anhänger der **schöpferischen Freiheit**; Mensch und Kunst werden durch die Geschichte geprägt – nicht durch Regeln, die die Jahrhunderte überdauern. Was forderte Herder?
Herder forderte eine Rückkehr zur **Natürlichkeit**, in der Sprache aber auch durch die Sprache. Er prägte den Begriff **Volkslied** und löste eine wahre Sammelleidenschaft aus.	Auch Herders Freund **Goethe** begeisterte sich für die **Natur- und Volkspoesie**. Welche poetische Gattung entstand im Sturm und Drang?	**Erlebnislyrik** zeichnet sich durch **subjektive Beschreibungen** in einer symbolhaltigen Sprache aus. Der Leser soll durch Nacherleben und Mitempfinden verstehen.	Die Natur steht dabei aber nicht nur für Geborgenheit, sondern auch für Schrecken und Ohnmacht angesichts ihrer Überlegenheit. Welche **erzählerisch-lyrische Gattung** entstand im Sturm und Drang?
Die **Ballade** vereint alle drei literarischen Gattungen: Sie ist eine Erzählung (Epik) in lyrischer Form mit dramatischen Elementen.	Häufig handeln die Balladen von Geistern und Naturmagie. Die Stürmer und Dränger bedienten den **Volksglauben** und pflegten so ihre Nähe zum einfachen Volk. Welche Ballade vereint das Gespenstermotiv mit einer **sozialen Anklage**?	 **„Des Pfarrers Tochter von Taubenhain“** (1778) von **Gottfried August Bürger**	Bei Bürger steht die verführte Unschuld im Mittelpunkt: die Rolle der Frau bleibt die der Wehrlosen und in ihrer Tugend Bedrohten. Welche anderen Dichter griffen das **Kindsmörderinmotiv** auf?
1782 erschien **Friedrich Schillers „Die Kindsmörderin“**.	Auch Goethe übernahm mit **Gretchen** („Faust I“, 1808) das Kindsmörderinmotiv. **Goethes Italienreise 1786 markiert das Ende der Epoche des Sturm und Drang.**		

Name: ____________

Das Genie 1

Das **Streben nach Selbstbestimmung und Freiheit**, besonders auch im literarischen Schaffensprozess, zeichnet die Epoche des Sturm und Drang aus. Das **Genie** – eigenwillig, schöpferisch, ein Original, das seine Kunst nicht in ein Regelwerk einzwängen lässt – wurde zum Symbol dieser Epoche.
Als charakteristisch für den Genie-Gedanken gilt das Gedicht „**Prometheus**“ von Johann Wolfgang von Goethe (1749–1832). Gegenstand ist die mythische[1] Figur des Titanen[2] Prometheus. Dem Mythos zufolge wurde er zum Lehrmeister der Menschen. Prometheus gilt als klug, schöpferisch, listig und furchtlos.

[1] *mythisch* (gr.): sagenhaft, erdichtet; aus dem Bereich überlieferter Dichtungen, Sagen und Erzählungen eines Volkes.
[2] Laut gr. Mythologie herrschten die Titanen über die Welt, bevor ihre Nachfahren, die Götter des Olymp, die Macht übernahmen.

Lies dir das folgende Gedicht „Prometheus“ von Johann Wolfgang von Goethe (1749–1832) genau durch und beantworte anschließend die Fragen.

Johann Wolfgang von Goethe: „Prometheus“ (1772–1774)

Bedecke deinen Himmel, Zeus,
Mit Wolkendunst,
Und übe, dem Knaben gleich,
Der Disteln köpft,
An Eichen dich und Bergeshöhn;
Musst mir meine Erde
Doch lassen stehn
Und meine Hütte, die du nicht gebaut,
Und meinen Herd,
Um dessen Glut
Du mich beneidest.

Ich kenne nichts Ärmeres
Unter der Sonn als euch, Götter!
Ihr nähret kümmerlich
Von Opfersteuern
Und Gebetshauch
Eure Majestät
Und darbet, wären
Nicht Kinder und Bettler
Hoffnungsvolle Toren.

Da ich ein Kind war,
Nicht wusste, wo aus noch ein,
Kehrt ich mein verirrtes Auge
Zur Sonne, als wenn drüber wär
Ein Ohr, zu hören meine Klage,
Ein Herz wie meins,
Sich des Bedrängten zu erbarmen.

Wer half mir
Wider der Titanen Übermut?
Wer rettete vom Tode mich,
Von Sklaverei?
Hast du nicht alles selbst vollendet,
Heilig glühend Herz?
Und glühtest jung und gut,
Betrogen, Rettungsdank
Dem Schlafenden da droben?

Ich dich ehren? Wofür?
Hast du die Schmerzen gelindert
Je des Beladenen?
Hast du die Tränen gestillet
Je des Geängsteten?
Hat nicht mich zum Manne geschmiedet
Die allmächtige Zeit
Und das ewige Schicksal,
Meine Herrn und deine?

Wähnest du etwa,
Ich sollte das Leben hassen,
In Wüsten fliehn,
Weil nicht alle
Blütenträume reiften?

Hier sitz ich, forme Menschen
Nach meinem Bilde,
Ein Geschlecht, das mir gleich sei,
Zu leiden, zu weinen,
Zu genießen und zu freuen sich,
Und dein nicht zu achten,
Wie ich!

Station 6

Das Genie 2

Name: ______________________

Aufgabe 1

1. Ordne folgende Merkmale Prometheus und Zeus zu.

spöttisch   abhängig   herzlos   trotzig

frei   untätig   gefühlvoll   aktiv   rebellisch

kreativ   desinteressiert   unabhängig   hilflos   übermütig

Prometheus:

____

____

____

____

____

____

____

____

____

Zeus:

____

____

____

____

____

____

____

____

____

2. Wie stellt sich Prometheus Zeus gegenüber dar? Was hat Prometheus erreicht und welche Konsequenz ergibt sich daraus für ihn? Schreibe deine Antworten auf ein Extrablatt.

3. Welche Kräfte nehmen sowohl auf Prometheus als auch auf Zeus Einfluss? Was bewirken diese Kräfte bei Prometheus? Was folgt daraus für Zeus? Welche Konsequenz wird Zeus, so der Glauben Prometheus', tragen müssen? Notiere deine Überlegungen auf einem Extrablatt.

Name:

Das Genie 3

4. Führe den folgenden Satz zu Ende.

Prometheus ist die literarische Verkörperung des Sturm und Drang, weil …

Aufgabe 2

Streiche in den folgenden Sätzen die falschen Begriffe durch.

1. *Für die Stürmer und Dränger war der Dichter ein Schöpfer/Kopierer/Chaot, der ohne Anstand/Fantasie/ein Vorbild, allein nach seinen eigenen Regeln arbeitete.*

2. *Eng verbunden mit dem Sturm und Drang ist die Genie-Ästhetik. Der Künstler sollte sich an Natürlichkeit/Detailgenauigkeit/Nachahmung, Größe und Originalität orientieren.*

3. *Die Charaktere, die das Genie schuf, waren überaus rational/gefühlvoll/ängstlich.*

4. *Die Einheitendoktrin/Bühnenprogrammatik/Regelpoetik wurde missachtet und die Sprache war betont expressiv/introvertiert/kultiviert.*

5. *Als Ur-/Original-/Ideal- Genie verehrten die Stürmer und Dränger den englischen Dramatiker Lord Byron/Christopher Marlowe/William Shakespeare.*

Station 1

Name: ____________________

Geistesgeschichtliche Voraussetzungen 1

In der Kunst- und Literaturgeschichte umschreibt der Begriff Klassik jene Epoche, in der eine Nation ihre **kulturelle Blütezeit** erlebt.
Die deutsche Klassik (1786–1805) wurde maßgeblich von **Johann Wolfgang von Goethe** (1749–1832) und **Friedrich Schiller** (1759–1805) geprägt. Eine Besonderheit der deutschen Klassik ist der Namenszusatz, der sie dem damaligen intellektuellen und kulturellen Zentrum Deutschlands zuordnet: die **Weimarer Klassik**.
Die klassische Ästhetik orientierte sich in Form und Inhalt am Vorbild der Antike. Die Neuinterpretation der Antike wurde vor allem durch den Kunsthistoriker **Johann Joachim Winckelmann** (1717–1768) eingeleitet.

Lies dir den folgenden Auszug aus Johann Joachim Winckelmanns (1717–1768) „Gedanken über die Nachahmung der griechischen Werke in der Malerei und Bildhauerkunst“ genau durch und beantworte anschließend die Fragen.

Auszug aus Johann Joachim Winckelmann: „Gedanken über die Nachahmung der griechischen Werke in der Malerei und Bildhauerkunst“ (1755)

Das allgemeine vorzügliche Kennzeichen der griechischen Meisterstücke ist endlich eine edle Einfalt und eine stille Größe, sowohl in der Stellung als im Ausdruck. So wie die Tiefe des Meeres allezeit ruhig bleibt, die Oberfläche mag noch so wüten, ebenso zeigt der Ausdruck in den Figuren der Griechen bei allen Leidenschaften eine große und gesetzte Seele. Diese Seele schildert sich in dem Gesichte des Laokoon, und nicht in dem Gesichte allein, bei dem heftigsten Leiden. Der Schmerz, welcher sich in allen Muskeln und Sehnen des Körpers entdeckt [...], dieser Schmerz, sage ich, äußert sich dennoch mit keiner Wut in dem Gesichte und in der ganzen Stellung. [...] Laokoon leidet, [...]: Sein Elend geht uns bis an die Seele, aber wir wünschten, wie dieser große Mann das Elend ertragen zu können.
Der Ausdruck einer so großen Seele geht weit über die Bildung der schönen Natur: Der Künstler musste die Stärke des Geistes in sich selbst fühlen, welche er seinem Marmor einprägte. Griechenland hatte Künstler und Weltweise in einer Person [...]. Die Weisheit reichte der Kunst die Hand und blies den Figuren derselben mehr als gemeine Seelen ein. [...] Alle Handlungen und Stellungen der griechischen Figuren, die mit diesem Charakter der Weisheit nicht bezeichnet, sondern gar zu feurig und wild waren, verfielen in einen Fehler [...].
Je ruhiger der Stand des Körpers ist, desto geschickter ist er, den wahren Charakter der Seele zu schildern. In allen Stellungen, die von dem Stande der Ruhe zu sehr abweichen, befindet sich die Seele nicht in dem Zustande, der ihr der eigentlichste ist, sondern in einem gewaltsamen und erzwungenen Zustande. Kenntlicher und bezeichnender wird die Seele in heftigen Leidenschaften, groß aber und edel ist sie in dem Stande der Einheit, in dem Stande der Ruhe. Im Laokoon würde der Schmerz, allein gebildet, „Parenthyrsis“[1] gewesen sein; der Künstler gab ihm daher, um das Bezeichnende und das Edle der Seele in eins zu vereinigen, eine Aktion, die dem Stande der Ruhe in solchem Schmerze der nächste war. Aber in dieser Ruhe muss die Seele durch Züge, die ihr und keiner andern Seele eigen sind, bezeichnet werden, um sie ruhig, aber zugleich wirksam, stille, aber nicht gleichgültig oder schläfrig zu bilden.

[1] *Parenthyrsis*: so viel wie „übertriebenes, unpassendes Pathos“

Station 1

Geistesgeschichtliche Voraussetzungen 2

Name: ______________________

Laokoon, der trojanische Priester, warnte der Sage nach seine Mitbürger vor dem hölzernen Pferd, der List der Griechen. Seine Sorgen blieben ungehört. Die Schutzgöttin der Griechen, Minerva, entsandte zwei riesige Schlangen, um die Söhne Laokoons zu töten.

Die sogenannte **Laokoon-Gruppe** (ca. 1./2. Jh. v. Chr., Vatikanische Museen) zeigt den Priester und seine beiden Söhne im Kampf mit den Seeschlangen. Die antike Darstellung nahm großen Einfluss auf die bildende Kunst des Klassizismus und auf die ästhetischen Positionen von Lessing und Goethe.

Aufgabe 1

1. Welche typischen Merkmale antiker Kunst sind, laut Winckelmann, in der Laokoon-Gruppe deutlich zu erkennen? Schreibe deine Antwort auf ein Extrablatt.

2. Versuche, die Merkmale antiker Kunst auf die Klassik zu übertragen.
   Welche Anforderungen werden an den klassischen Künstler, vor allem aber an den klassischen Dichter gestellt? Wie muss der klassische Held beschaffen sein? Welche Funktion nimmt die Kunst generell ein? Notiere deine Überlegungen auf einem Extrablatt.

Augabe 2

Welcher Aussage würden die Klassiker zustimmen?

☐ Kunst beschreibt die Realität.

☐ Kunst ist Ausdruck eines Idealzustands.

☐ Kunst transportiert reine Emotionen.

Aufgabe 3

Zum Credo der Epoche wurde: **edle Einfalt und stille Größe**. Dieses Leitmotiv umschreibt das von der Klassik verfolgte menschliche Ideal. Die klassische Dichtung sollte auch ein Erziehungsinstrument sein. Welche drei Erziehungsziele der Klassik verbergen sich hier?

HAR HEIT HU MA MO NI NIE SCHÖN TÄT

____

Tanja A. Wilken: Deutsch an Stationen. Literaturgeschichte – Renaissance bis Vormärz

Name: ______________________

Historische Voraussetzungen

Im Juli 1789 brach in Frankreich die Revolution aus. Anfänglich begrüßten viele deutsche Intellektuelle den französischen Freiheitskampf um Rechte, Menschenwürde, religiöse Emanzipation und Aufhebung der Standesschranken. Als aber die **Französische Revolution** ab 1792 in die Terrordiktatur der Jakobiner mündete, schlug die Begeisterung um. Die Klassiker zogen aus den Gewaltexzessen ihre zentrale Lehre, dass nur **durch humanistische Bildung** ein tatsächlicher **Wandel der politischen und sozialen Verhältnisse** möglich sei.

Lies dir die beiden folgenden Auszüge, die unterschiedliche Sichtweisen auf die Geschehnisse in Frankreich wiedergeben, genau durch und beantworte anschließend die Fragen.

Friedrich Gottlieb Klopstock: „Kennet euch selbst“ (1789)

Frankreich schuf sich frei. Des Jahrhunderts edelste Tat hub
Da sich zu dem Olympus empor!
Bist du so eng begrenzt, dass du sie verkennest, umschwebet
Diese Dämmerung dir noch den Blick,
Diese Nacht: So durchwandre die Weltannalen, und finde
Etwas darin, das ihr ferne nur gleicht,
Wenn du kannst. O Schicksal! Das sind sie also, das sind sie
Unsere Brüder die Franken; und wir?
Ach ich frag′ umsonst; ihr verstummet, Deutsche! Was zeiget
Euer Schweigen? Bejahrter Geduld
Müden Kummer? Oder verkündet es nahe Verwandlung?

Auszug aus Friedrich Schiller: „Brief an den Herzog von Augustenburg“ (1793)

Der Versuch des französischen Volkes, sich in seine heiligen Menschenrechte einzusetzen und eine politische Freiheit zu erringen, hat bloß das Unvermögen und die Unwürdigkeit desselben an den Tag gebracht, und nicht nur dieses unglückliche Volk, sondern mit ihm auch einen beträchtlichen Teil Europens, und ein ganzes Jahrhundert, in Barbarei und Knechtschaft zurückgeschleudert. Der Moment war der günstigste, aber er fand eine verderbte Generation, die ihn nicht Wert war, und weder zu würdigen noch zu benutzen wusste. Der Gebrauch, den sie von diesem großen Geschenk des Zufalls macht und gemacht hat, beweist unwidersprechlich, dass das Menschengeschlecht der vormundschaftlichen Gewalt noch nicht entwachsen ist, dass das liberale Regiment der Vernunft da noch zu frühe kommt, wo man kaum damit fertig wird, sich der brutalen Gewalt der Tierheit zu erwehren, und dass derjenige noch nicht reif ist zur bürgerlichen Freiheit, dem noch so vieles zur menschlichen fehlt.

Aufgabe

1. Beschreibe jeweils die Haltung, die Klopstock und Schiller der Französischen Revolution gegenüber einnehmen. Notiere hierzu Stichworte auf einem Extrablatt.

2. Versuche, das antike Ideal der „edlen Einfalt und stillen Größe“ mit der Kritik Schillers an den Vorkommnissen der Französischen Revolution zu verbinden. Welche Gründe führt Schiller für das Scheitern der Revolution an? Welche Voraussetzungen fehlen, um die Ziele der Revolution zu verwirklichen? Schreibe deine Antworten auf ein Extrablatt.

Station 3

Die Erziehung des Menschengeschlechts 1

Name: ____________________

Der Mensch ist ein denkendes, rationales, aber auch ein fühlendes Wesen, mit Neigungen und Leidenschaft. Die Klassiker suchten nach einem Ausgleich zwischen Vernunft und Natur, Pflicht und Neigung. Diese **Harmonie** wollte man durch **Ausbildung der Humanität** (lat. *humanitas* = „Menschlichkeit") und durch eine **ästhetische Erziehung** erreichen.

Lies dir den folgenden Auszug aus Johann Gottfried Herders (1744–1803) „Briefe zur Beförderung der Humanität" sowie die Zitate Friedrich Schillers (1759–1805) genau durch und beantworte anschließend die Fragen.

Auszug aus Johann Gottfried Herder: „Briefe zur Beförderung der Humanität" (27. Brief, 1794)

Humanität ist der *Charakter unsres Geschlechts;* er ist uns aber nur in Anlagen angeboren und muss uns eigentlich angebildet werden. Wir bringen ihn nicht fertig auf die Welt mit; auf der Welt aber soll er das Ziel unsres Bestrebens, die Summe unsrer Übungen, unser *Wert* sein; denn eine *Angelität*[1] im Menschen kennen wir nicht, und wenn der Dämon, der uns regiert, kein humaner Dämon ist, werden wir Plagegeister der Menschen. Das *Göttliche* in unserm Geschlecht ist also *Bildung zur Humanität*; alle großen und guten Menschen, Gesetzgeber, Erfinder, Philosophen, Dichter, Künstler, jeder edle Mensch in seinem Stande, bei der Erziehung seiner Kinder, bei der Beobachtung seiner Pflichten, durch Beispiel, Werk, Institut und Lehre hat dazu mitgeholfen. Humanität ist der Schatz und die Ausbeute aller menschlichen Bemühungen, gleichsam die *Kunst unsres Geschlechts.* Die Bildung zu ihr ist ein Werk, das unablässig fortgesetzt werden muss, oder wir sinken, höhere und niedere Stände, zur rohen Tierheit, zur *Brutalität* zurück.

[1] *Angelität* wohl von lat. *angelus* = „Engel, Gottesbote"

Aufgabe 1

1. Was bedeutet, laut Herder, Humanität? Was sind die Besonderheiten der Humanität? Schreibe deine Antworten auf ein Extrablatt.

2. Welche Forderung stellt Herder? Warum ist ihm diese so wichtig? Beachte auch den zeitgeschichtlichen Hintergrund. Notiere deine Antworten auf einem Extrablatt.

Aufgabe 2

Versuche, selbst eine passende Definition für den Begriff Humanität zu finden. Warum ist dir Humanität wichtig? Schreibe deine Überlegungen auf ein Extrablatt.

Humanität: ____

____

Station 3

Die Erziehung des Menschengeschlechts 2

Name: ____________________

Wie erzieht man die Menschen zum Guten? Friedrich Schiller (1759–1805) vereinte in seinen theoretischen Schriften die Schönheit in der Kunst, besonders in der Literatur, mit der Idee der Sittlichkeit: Die **Kunst** wurde zum **Erziehungsinstrument**. Sprache, Form, Charaktere wurden in den Dienst der Sache gestellt. Ziel war die **Veredelung/Verschönerung des menschlichen Charakters** – die Bildung der schönen Seele.

„In einer schönen Seele ist es also, wo Sinnlichkeit und Vernunft, Pflicht und Neigung harmonisieren […]"

„Die schöne Seele hat kein anderes Verdienst, als dass sie ist. […] Nicht ihre einzelnen Handlungen, sondern ihr *Charakter ist sittlich*. Die schöne Seele tut das Gute wie aus *Instinkt* und übt selbst die peinlichsten *Pflichten* und die heldenmütigsten *Opfer* mit der größten Leichtigkeit […]"

„Alle Verbesserung im Politischen soll von *Veredlung des Charakters* ausgehen – aber wie kann sich unter den Einflüssen einer barbarischen Staatsverfassung der Charakter veredeln? Man müsste also zu diesem Zwecke ein Werkzeug aufsuchen […]. Dieses Werkzeug ist die schöne Kunst […]"

Aufgabe 3

Setze in den folgenden Lückentext die passenden Begriffe ein.

ästhetische Erziehung — Gesellschaft — Gutes — Harmonie — ideale Mensch — idealen Staat — Natur — Neigung — Pflicht — politischen — schönen Seele — Veredelung — Vernunft

Die widerstreitenden Kräfte im Menschen sind ____________________ und ____________________.

Durch die ______________________________ soll eine ____________________ des Menschen und die Ausbildung der ____________________ erreicht werden.

Dies bedeutet Übereinstimmung (_______________) von _______________ und _______________. Der Mensch würde _______________ tun, weil er es von sich aus will.

Die klassischen Dichter waren davon überzeugt, dass erst die ____________________ verändert werden müsse, um schließlich die ____________________ Verhältnisse zu beeinflussen. Nur der ____________________ schafft den ____________________.

Weimarer Klassik

Name: ____________________

Der klassische Dichter 1

Friedrich Schiller (1759–1805) und **Johann Wolfgang von Goethe** (1749–1832) waren in der Mitte des 18. Jahrhunderts die bekanntesten Köpfe der Sturm-und-Drang-Bewegung (ca. 1765–1785). In ihrer klassischen Phase aber revidierten sie viele ihrer früheren Ansichten zu Literatur und Rolle des Dichters. Ihre Werke standen nun ganz im Zeichen des klassischen Ideals, **durch eine idealisierte Abbildung der Wirklichkeit die reale Welt zu verbessern**.

Die Idee, einen Ausgleich der Widersprüche zu schaffen, die Harmonie, war eine zentrale Forderung der Klassik. Dies spiegelt sich auch im folgenden Gedicht „Natur und Kunst“ von Johann Wolfgang von Goethe (1749–1832) wider. Lies dir das Gedicht genau durch und beantworte anschließend die Fragen.

Johann Wolfgang von Goethe: „Natur und Kunst“ (1800)

Natur und Kunst, sie scheinen sich zu fliehen
Und haben sich, eh man es denkt, gefunden;
Der Widerwille ist auch mir verschwunden,
Und beide scheinen gleich mich anzuziehen.

Es gilt wohl nur ein redliches Bemühen!
Und wenn wir erst in abgemessnen Stunden
Mit Geist und Fleiß uns an die Kunst gebunden,
Mag frei Natur im Herzen wieder glühen.

So ist's mit aller Bildung auch beschaffen:
Vergebens werden ungebundne Geister
Nach der Vollendung reiner Höhe streben.

Wer Großes will, muss sich zusammenraffen:
In der Beschränkung zeigt sich erst der Meister,
Und das Gesetz nur kann uns Freiheit geben.

Aufgabe 1

1. Wie lassen sich die Begriffe Natur und Kunst in Goethes Gedicht „Natur und Kunst“ deuten?

Natur: ____

____

Kunst: ____

____

Station 4

Name: ____________

Der klassische Dichter 2

2. Wie beschreibt Goethe das Verhältnis von Kunst, Natur und Mensch (Strophe 1 und 2)? Schreibe deine Antwort auf ein Extrablatt.

3. Welche Lebensauffassung und welches Selbstverständnis als Dichter zeigen sich in den letzten beiden Strophen? Notiere deine Antwort auf einem Extrablatt.

4. Das Gedicht „Natur und Kunst“ ist ein Sonett. Diese streng geregelte lyrische Form war im Barock (1620–1700) sehr beliebt. Warum wählte nun auch Goethe – als Vertreter der Klassik – die Gedichtform Sonett? Schreibe deine Überlegungen auf ein Extrablatt.

Friedrich Schiller: „Die Künstler“ (1789)

[…] Der Menschheit Würde ist in eure Hand gegeben,
Bewahret sie!
Sie sinkt mit euch! Mit euch wird sie sich heben!
Der Dichtung heilige Magie
Dient einem weisen Weltenplane,
Still lenke sie zum Ozeane
Der großen Harmonie! […]

Aufgabe 2

Ergänze die folgenden Aussagen zur klassischen Kunsttheorie von Goethe und Schiller mit deinen eigenen Worten.

Der Dichter versteht sich als ____________________________________.

Die Dichtkunst dient ____________________________________.

Die Mittel der Dichtkunst sind ____________________________________.

Der Dichter ____________ *die Natur* ____________________________________.

Weimarer Klassik

Name: ______________

Das klassische Drama 1

Bei den Dichtern der deutschen Klassik war die Gattung Drama besonders beliebt. Die typischen Kennzeichen des klassischen Dramas sind ein strenger, meist fünfaktiger Aufbau, eine stilisierte Sprache und idealisierte Charaktere. In dieser Form sahen die Klassiker das geeignete Mittel, um ihrem **Erziehungs- und Bildungsanspruch** gerecht werden zu können. Vorherrschend war das **Ideendrama,** das keine zeitgenössischen Probleme behandelte, sondern eine **als zeitlos verstandene Idee**, z. B. die der Menschlichkeit, thematisierte. Friedrich Schiller (1759–1805) schrieb eine Reihe von historischen Dramen. Auch hier war die Idee – bei Schiller vor allem die Idee der Freiheit – immer präsent. So auch in seinem letzten Drama „Wilhelm Tell“ (1804).

Lies dir die folgende Monologszene aus dem Drama „Wilhelm Tell“ von Friedrich Schiller (1759–1805) genau durch und beantworte anschließend die Fragen.

Friedrich Schiller: „Wilhelm Tell“ (1804)

(4. Aufzug, 3. Szene) Die hohle Gasse bei Küssnacht. *Tell tritt auf mit der Armbrust:*

Durch diese hohle Gasse muss er kommen,
Es führt kein andrer Weg nach Küssnacht – Hier
Vollend ich's – Die Gelegenheit ist günstig.
Dort der Holunderstrauch verbirgt mich ihm,
Von dort herab kann ihn mein Pfeil erlangen,
Des Weges Enge wehret den Verfolgern.
Mach deine Rechnung mit dem Himmel Vogt[1],
Fort musst du, deine Uhr ist abgelaufen.

Ich lebte still und harmlos – Das Geschoss
War auf des Waldes Tiere nur gerichtet,
Meine Gedanken waren rein von Mord –
Du hast aus meinem Frieden mich heraus
Geschreckt, in gärend Drachengift hast du
Die Milch der frommen Denkart mir verwandelt,
Zum Ungeheuren hast du mich gewöhnt –
Wer sich des Kindes Haupt zum Ziele setzte[2],
Der kann auch treffen in das Herz des Feinds.

Die armen Kindlein, die unschuldigen,
Das treue Weib muss ich vor deiner Wut
Beschützen, Landvogt – [...]
Als du mit grausam teufelischer Lust
Mich zwangst, aufs Haupt des Kindes anzulegen –
Als ich ohnmächtig flehend rang vor dir,
Damals gelobt ich mir in meinem Innern
Mit furchtbarem Eidschwur, den nur Gott gehört,
Dass meines *nächsten* Schusses *erstes* Ziel
Dein Herz sein sollte – Was ich mir gelobt
In jenes Augenblickes Höllenqualen,
Ist eine heil'ge Schuld, ich will sie zahlen.

Du bist mein Herr und meines Kaisers Vogt,
Doch nicht der Kaiser hätte sich erlaubt
Was *du* – Er sandte dich in diese Lande,
Um Recht zu sprechen – strenges, denn er zürnet –
Doch nicht um mit der mörderischen Lust
Dich jedes Greuels straflos zu erfrechen,
Es lebt ein Gott zu strafen und zu rächen. [...]

Sonst wenn der Vater auszog, liebe Kinder,
Da war ein Freuen, wenn er wiederkam,
Denn niemals kehrt' er heim, er bracht euch etwas,
War's eine schöne Alpenblume, war's
Ein seltner Vogel oder Ammonshorn,
Wie es der Wandrer findet auf den Bergen –
Jetzt geht er einem andern Weidwerk nach,
Am wilden Weg sitzt er mit Mordgedanken.
Des Feindes Leben ist's, worauf er lauert.
– Und doch an *euch* nur denkt er, lieben Kinder,
Auch jetzt – Euch zu verteid'gen, eure holde
Unschuld
Zu schützen vor der Rache des Tyrannen,
Will er zum Morde jetzt den Bogen spannen!

[1] *Vogt*: ein vom Kaiser eingesetzter Beamter oder Rechtsvertreter
[2] Verweis auf den Apfelschuss: Vogt Gessler hatte Tell gezwungen, mit seiner Armbrust einen Apfel vom Kopf seines Sohnes zu schießen.

Station 5

Das klassische Drama 2

Name: ______________________

Der **Held** des klassischen Dramas sollte **hohe moralische Ansprüche** erfüllen. Seine Taten mussten vor dem Zuschauer durch seine Leidensfähigkeit und durch seinen rechtschaffenen Charakter legitimiert werden.
Mit Wilhelm Tell schuf Friedrich Schiller einen Helden, der seine Vorbildfunktion nicht verliert, obwohl er einen Mord begeht.

Aufgabe 1

Wilhelm Tell vollzieht im gleichnamigen Drama Schillers eine Wandlung. Wie beschreibt Tell selbst seine Wandlung? Notiere deine Anwort auf einem Extrablatt.
Tipp: Lege dir hierzu eine Tabelle nach folgendem Muster an.

Tell früher	Tell in der jetzigen Situation

Aufgabe 2

1. Wie rechtfertigt Wilhelm Tell seine geplante Tat? Welchen Stellenwert hat die Tat für Wilhelm Tell? Schreibe deine Antworten auf ein Extrablatt.

2. Entscheidet sich Wilhelm Tell frei zu seiner Tat? Begründe deine Antwort.

Gerichtsbeschluss:

Wilhelm Tell entscheidet sich frei/nicht frei zu seiner Tat, weil …

____

____

Wilhelm Tell ist somit schuldig/unschuldig.

Aufgabe 3

Die Sprache in Friedrich Schillers „Wilhelm Tell“ ist

☐ der Figur angemessen.

☐ Selbstzweck und dient der Idealisierung.

Weimarer Klassik

Name: ____________________

Das klassische Drama 3

Monologe sind **Selbstgespräche**. Sie stellen eine besondere Redeform dar und kennzeichnen meist einen besonderen Abschnitt, einen dramatischen Höhepunkt oder eine wichtige Entscheidungssituation. Viele Monologe der Literatur haben Berühmtheit erlangt.

Aufgabe 4

Was ist das Besondere am Monolog Wilhelm Tells (4. Aufzug, 3. Szene)? Setze in den folgenden Lückentext die passenden Begriffe ein.

Affekt   Dialogen   Entscheidungsprozess   Innenleben   inneren Konflikt
Mitleid   moralisches   persönliches Anliegen   Publikum
reflektiert   überlegt   Verständnis

In ________________ erfährt der Zuschauer nur durch das Gesagte, wie es um die Gesinnung einer Figur bestellt ist. Der Monolog gewährt hingegen einen direkten Einblick in das ____________________ der Dramenfigur. Man kann den ________________________________ der Figur nachverfolgen. Der Monolog ist so vor allem eine Rede für das __________________.

Wilhelm Tell steht vor einer schweren Entscheidung. Sein Monolog verdeutlicht, dass er nicht im ________________ handelt. Tell ________________ (überdenkt) sein Vorhaben, er handelt ____________________.

Tell ist kein verdorbener Charakter. Vielmehr zwingt ihn sein ____________________ Gewissen zu der Tat.

Durch/Über die Dramenfigur kann der Dichter sein ____________________________ vermitteln.

Er zeigt den __________________________ des Helden und provoziert so ________________ und ____________________ beim Publikum.

Station 1

Name: ______________

Die romantisierte Welt 1

An der Schwelle zum 19. Jahrhundert entstand eine literarische Strömung, die sich von der strengen Form der Klassik löste und sich von der tristen Alltagswelt abwandte. Der Fortschritt in Wissenschaft und Technik sowie die Industrialisierung weckten bei vielen Menschen zunehmend das Gefühl der Entfremdung. Das Leben verlor seine Poesie. Diesem Zustand versuchte die **Romantik** (ca. 1795–1840) entgegenzuwirken. Die romantische Literatur verstand sich als **progressive Universalpoesie**[1], die alle getrennten literarischen Gattungen vereinigen, Literatur und Philosophie zusammenführen und schließlich Leben und Gesellschaft poetischer machen wollte.

[1] *progressiv*: (stufenweise) fortschreitend, sich entwickelnd; *universal*: allgemein, gesamt, die ganze Welt umfassend

Lies dir den folgenden Auszug aus „Fragmente über Posie" von Novalis (Friedrich von Hardenberg, 1772–1801) genau durch und beantworte anschließend die Fragen.

Auszug aus Novalis: „Fragmente über Poesie" (1798–1800)

Unser Alltagsleben besteht aus lauter erhaltenden, immer wiederkehrenden Verrichtungen. Dieser Zirkel von Gewohnheiten ist nur Mittel zu einem Hauptmittel, unserm irdischen Dasein überhaupt, das aus mannigfaltigen Arten zu existieren gemischt ist.

Philister[1] leben nur ein Alltagsleben. [...] Sie tun das alles, um des irdischen Lebens willen; [...] Poesie mischen sie nur zur Notdurft unter, weil sie nun einmal an eine gewisse Unterbrechung ihres täglichen Laufs gewöhnt sind. In der Regel erfolgt diese Unterbrechung alle sieben Tage, [...] Sonntags ruht die Arbeit, sie leben ein bisschen besser als gewöhnlich und dieser Sonntagsrausch endigt sich mit einem etwas tiefern Schlafe als sonst; [...] aber auch ihr Vergnügen verarbeiten sie, wie alles, mühsam und förmlich. [...]

Das Individuum lebt im Ganzen und das Ganze im Individuum. Durch Poesie entsteht die höchste Sympathie und Koaktivität, die innigste Gemeinschaft des Endlichen und Unendlichen. [...] Die Welt muss romantisiert werden. So findet man den ursprünglichen Sinn wieder. [...] Indem ich dem Gemeinen einen hohen Sinn, dem Gewöhnlichen ein geheimnisvolles Ansehen, dem Bekannten die Würde des Unbekannten, dem Endlichen einen unendlichen Schein gebe, so romantisiere ich es – [...] Die Poesie ist das echt absolut Reelle. Dies ist der Kern meiner Philosophie. Je poetischer, je wahrer. [...]

Der Dichter betet den Zufall an. [...] Erzählungen, ohne Zusammenhang, jedoch mit Assoziation, wie Träume, Gedichte – bloß wohlklingend und voll schöner Worte – aber auch ohne allen Sinn und Zusammenhang – höchstens einzelne Strophen verständlich – sie müssen wie lauter Bruchstücke aus den verschiedenartigsten Dingen sein. [...]

Die Darstellung des Gemüts muss wie die Darstellung der Natur selbsttätig, eigentümlich allgemein, verknüpfend und schöpferisch sein. Nicht wie es ist, sondern wie es sein könnte, und sein muss. Die Kunst, auf eine angenehme Art zu befremden, einen Gegenstand fremd zu machen und doch bekannt und anziehend, das ist die romantische Poetik. [...] Der Sinn für Poesie hat viel mit dem Sinn für Mystizismus[2] gemein. Er ist der Sinn für das Eigentümliche, Personelle, Unbekannte, Geheimnisvolle, zu Offenbarende, das Notwendigzufällige. Er stellt das Undarstellbare dar. Er sieht das Unsichtbare, fühlt das Unfühlbare etc. [...] Der Dichter ordnet, vereinigt, wählt, erfindet – und es ist ihm selbst unbegreiflich, warum gerade so und nicht anders. Worin eigentlich das Wesen der Poesie bestehe, lässt sich schlechthin nicht bestimmen. Es ist unendlich zusammengesetzt und doch einfach. Schön, romantisch, harmonisch sind nur Teilausdrücke des Poetischen.

[1] Die Romantiker gebrauchten den Begriff *Philister* als Spottnamen für engstirnige, besonders auch im Hinblick auf die Kunst, wenig aufgeschlossene Menschen (auch: Spießbürger).
[2] *Mystizismus:* Wunderglaube; schwärmerische, rational nicht begründete Einstellung

Station 1

Die romantisierte Welt 2

Name: ______________________

Aufgabe 1

Wie beschreibt Novalis die Gegenwart? Wie stellt sich Novalis eine romantisierte Welt vor? Überlege auch, welchen Stellenwert die Posie im 18./19. Jahrhundert tatsächlich hat und welchen sie nach Ansicht der Romantiker haben sollte. Schreibe deine Überlegungen auf ein Extrablatt.

Die Klassik setzte in der Literatur auf formale und stilistische Ordnung, auf die strikte Trennung der Gattungen (Lyrik, Drama, Epik) und auf eine erhabene, stilisierte Kunstsprache, die nicht der alltäglichen Ausdrucksweise der Charaktere entsprach.

Lies dir das folgende Zitat von Friedrich Schiller (1759–1805) genau durch und beantworte anschließend die Fragen.

„Eine der ersten Erfordernisse des Dichters ist Idealisierung, Veredlung, ohne welche er aufhört, seinen Namen zu verdienen. Ihm kommt es zu, das Vortreffliche seines Gegenstandes (mag dieser nun Gestalt, Empfindung oder Handlung sein, in ihm oder *außer* ihm wohnen) von gröbern, wenigstens fremdartigen Beimischungen zu befreien, die in mehreren Gegenständen zerstreuten Strahlen von Vollkommenheit in einem einzigen zu sammeln, einzelne, das Ebenmaß störende Züge der Harmonie des Ganzen zu unterwerfen, das Individuelle und Lokale zum Allgemeinen zu erheben. Alle Ideale, die er auf diese Art im einzelnen bildet, sind gleichsam nur Ausflüsse eines inneren Ideals von Vollkommenheit, das in der Seele des Dichters wohnt.“

Friedrich Schiller

Aufgabe 2

Vergleiche die klassische Vorstellung Schillers von der Dichtkunst, den Aufgaben des Dichters und dem Dichter selbst mit der romantischen Vorstellung Novalis', wie sie in seinen „Fragmenten über Poesie“ deutlich wird. Notiere deine Überlegungen auf einem Extrablatt.
Tipp: Lege dir hierzu eine zweispaltige Tabelle an (Spalte 1: Der klassische Dichter/die klassische Dichtkunst, Spalte 2: Der romantische Dichter/die romantische Dichtkunst).

Station 2

Die blaue Blume – das Motiv der Sehnsucht 1

Name: ____________________

Auch nach der Französischen Revolution (1789–1799) war die politische Situation in Deutschland weiterhin chaotisch und unsicher. Die aufstrebenden Naturwissenschaften entzauberten die Welt und die Menschen orientierten sich zunehmend mehr am Zweck- und Nützlichkeitsdenken.
Die Romantiker wehrten sich gegen die Annahme, alles wäre rational (mit dem Verstand) und empirisch (durch systematische Beobachtung/wissenschaftliche Überprüfung) erklärbar. Die Ablehnung der Wirklichkeit, die **Flucht in die Fantasie, in die Mystik und Poesie**, waren treibende Elemente und die **Sehnsucht** ein zentrales Motiv der romantischen Literatur.

Lies dir das folgende Gedicht „Die blaue Blume" von Joseph Freiherr von Eichendorff (1788–1857) genau durch und beantworte anschließend die Fragen.

Joseph Freiherr von Eichendorff:
„Die blaue Blume" (1818)

Ich suche die blaue Blume,
Ich suche und finde sie nie,
Mir träumt, dass in der Blume
Mein gutes Glück mir blüh.

Ich wandre mit meiner Harfe
Durch Länder, Städt und Au'n,
Ob nirgends in der Runde
Die blaue Blume zu schaun.

Ich wandre schon seit lange,
Hab lang gehofft, vertraut,
Doch ach, noch nirgends hab ich
Die blaue Blum geschaut.

Aufgabe 1

Beschreibe den Inhalt des Gedichts „Die blaue Blume" von Joseph Freiherr von Eichendorff.

Ausgangssituation: ____________________

____

Erwartung des lyrischen Ichs: ____________________

____

Zielpunkt: ____________________

____

Romantik

Station 2

Die blaue Blume – das Motiv der Sehnsucht 2

Name: ______________________

Aufgabe 2

Welche Stimmung kommt in dem Gedicht „Die blaue Blume“ zum Ausdruck? Welche Motive und Metaphern verwendet Joseph Freiherr von Eichendorff?

Stimmung: ____

____

Motive/Metaphern: ____

____

Aufgabe 3

Die blaue Blume ist ein Sinnbild für die Sehnsucht – sie steht stellvertretend für das, wonach man sich sehnt. Im Gedicht Eichendorffs steht die blaue Blume für „gutes Glück“ (Vers 4). Was könnte „gutes Glück“ bedeuten? Erstelle eine Mindmap.

gutes Glück

Aufgabe 4

Wie lassen sich die folgenden Verse aus Eichendorffs Gedicht in Bezug auf das romantische Motiv der Sehnsucht deuten? Schreibe deine Gedanken um das Zitat herum.

„Ich suche die blaue Blume, ich suche und finde sie nie, [. . .]“

Tanja A. Wilken: Deutsch an Stationen. Literaturgeschichte – Renaissance bis Vormärz

Station 3

Name:

Volks- und Kunstmärchen 1

Die Romantiker schätzten die **Volkspoesie** (= Lieder und Geschichten, die auf mündlicher Überlieferung beruhen) als Kulturgut, einige betätigten sich als Sammler und Herausgeber dieser Lieder und Geschichten.
Neben Liedersammlungen (z. B. „Des Knaben Wunderhorn", 1805–1808) waren vor allem **Märchen** sehr beliebt. In ihnen vermischten sich Volksgut und Geschichten voller fantastischer Elemente, was dem Wunsch der Romantiker und ihrer Suche nach dem Wunderbaren in der als wenig poetisch empfundenen Welt entgegenkam.
Die berühmteste deutsche Märchensammlung ist die der Brüder **Jacob und Wilhelm Grimm** (1785–1863, 1786–1859). Die von ihnen zusammengetragenen Märchen bezeichnet man als **Volksmärchen.** Diese Bezeichnung ist jedoch irreführend, denn es handelt sich keineswegs um originalgetreue Niederschriften von Märchen, wie sie über Jahrhunderte in deutschen Wohnstuben erzählt wurden. Die Brüder kürzten die Texte und schrieben sie um. Zudem stammten viele Geschichten nicht aus dem deutschen Kulturkreis, sondern z. B. aus der Feder des französischen Märchenerzählers Charles Perrault (1628–1703), so z. B. „Rotkäppchen" oder „Hänsel und Gretel".
Die Erzählungen zeitgenössischer romantischer Märchenerzähler wie **E. T. A. Hoffmann** (1776–1822) und **Ludwig Tieck** (1773–1853) nennt man in Abgrenzung zu den gesammelten Volksmärchen **Kunstmärchen.** Ein Merkmal dieser Märchen ist, dass die Autoren tradierte Märchenelemente (z. B. Personen, der Kampf des Guten gegen das Böse) freier verwendeten, um ihr persönliches Anliegen zu unterstreichen.

Lies dir die beiden Märchen „Die Sterntaler", herausgegeben von den Gebrüdern Grimm (1785–1863, 1786–1859), und „Das Mädchen mit den Schwefelhölzern" von Hans Christian Andersen (1805–1875) genau durch und beantworte anschließend die Fragen.

Gebrüder Grimm (Hrsg.): „Die Sterntaler" (1812/15)

Es war einmal ein kleines Mädchen, dem war Vater und Mutter gestorben, und es war so arm, dass es kein Kämmerchen mehr hatte, darin zu wohnen, und kein Bettchen mehr, darin zu schlafen, und endlich gar nichts mehr als die Kleider auf dem Leib und ein Stückchen Brot in der Hand, das ihm ein mitleidiges Herz geschenkt hatte. Es war aber gut und fromm. Und weil es so von aller Welt verlassen war, ging es im Vertrauen auf den lieben Gott hinaus ins Feld. Da begegnete ihm ein armer Mann, der sprach „ach, gib mir etwas zu essen, ich bin so hungrig." Es reichte ihm das ganze Stückchen Brot und sagte „Gott segne dir's," und ging weiter. Da kam ein Kind, das jammerte und sprach „es friert mich so an meinem Kopfe, schenk mir etwas, womit ich ihn bedecken kann." Da nahm es seine Mütze ab und gab sie ihm. Und als es noch eine Weile gegangen war, kam wieder ein Kind und es hatte kein Leibchen und fror: da gab es ihm seins; und noch weiter, da bat eins um ein Röcklein, das gab es auch von sich hin. Endlich gelangte es in einen Wald, und es war schon dunkel geworden, da kam noch eins und bat um ein Hemdlein, und das fromme Mädchen dachte „es ist dunkle Nacht, da sieht dich niemand, du kannst wohl dein Hemd weggeben," und zog das Hemd ab und gab es auch noch hin. Und wie es so stand und gar nichts mehr hatte, fielen auf einmal die Sterne vom Himmel, und waren lauter harte blanke Taler: und ob es gleich sein Hemdlein weggegeben, so hatte es ein neues an, und das war vom allerfeinsten Leinen. Da sammelte es sich die Taler hinein und war reich für sein Lebtag.

Volks- und Kunstmärchen 2

Name: ____________________

Hans Christian Andersen: „Das kleine Mädchen mit den Schwefelhölzern“ (1840)

Es war fürchterlich kalt; es schneite und begann dunkler Abend zu werden, es war der letzte Abend im Jahr, Neujahrsabend! In dieser Kälte und in dieser Finsternis ging ein kleines, armes Mädchen mit bloßem Kopfe und nackten Füßen auf der Straße. [...]

In einer alten Schürze hielt sie eine Menge Schwefelhölzer [...]. Niemand hatte ihr während des ganzen Tages etwas abgekauft, niemand hatte ihr auch nur einen Dreier geschenkt; hungrig und halb erfroren schlich sie einher und sah sehr gedrückt aus, die arme Kleine! [...] In einem Winkel zwischen zwei Häusern [...] da setzte sie sich und kauerte sich zusammen. Die kleinen Füße hatte sie fest angezogen, aber es fror sie noch mehr, und sie wagte nicht nach Hause zu gehen, denn sie hatte ja keine Schwefelhölzer verkauft, nicht einen einzigen Dreier erhalten. Ihr Vater würde sie schlagen, und kalt war es daheim auch [...]. Ihre kleinen Hände waren vor Kälte fast ganz erstarrt. Ach! Ein Schwefelhölzchen könnte gewiss recht guttun; wenn sie nur wagen dürfte, eins aus dem Bunde herauszuziehen, es gegen die Wand zu streichen, und die Finger daran zu wärmen. Sie zog eins heraus, „Ritsch!“ Wie sprühte es, wie brannte es! Es gab eine warme, helle Flamme, wie ein kleines Licht, als sie die Hand darum hielt, es war ein wunderbares Licht! Es kam dem kleinen Mädchen vor, als sitze es vor einem großen eisernen Ofen mit Messingfüßen und einem messingenen Aufsatz; das Feuer brannte ganz herrlich darin und wärmte schön! – Die Kleine streckte schon die Füße aus, um auch diese zu wärmen – da erlosch die Flamme, der Ofen verschwand – sie saß mit einem kleinen Stumpf des ausgebrannten Schwefelholzes in der Hand.

Ein neues wurde angestrichen, es brannte, es leuchtete, und wo der Schein desselben auf die Mauer fiel, wurde diese durchsichtig wie ein Flor[1]. Sie sah gerade in das Zimmer hinein, wo der Tisch mit einem glänzend weißen Tischtuch und mit feinem Porzellan gedeckt stand, und herrlich dampfte eine mit Pflaumen und Äpfeln gefüllte, gebratene Gans darauf! Und was noch prächtiger war, die Gans sprang von der Schüssel herab, watschelte auf dem Fußboden hin mit Gabel und Messer im Rücken, gerade auf das arme Mädchen kam sie zu. Da erlosch das Schwefelholz, und nur die dicke, kalte Mauer war zu sehen.

Sie zündete ein neues an. Da saß sie unter dem schönsten Weihnachtsbaume. [...] Viel tausend Lichter brannten auf den grünen Zweigen und bunte Bilder, wie die, welche die Ladenfenster schmücken, schauten zu ihr herab. Die Kleine streckte die beiden Hände in die Höh' – da erlosch das Schwefelholz; die vielen Weihnachtslichter stiegen höher und immer höher, nun sah sie, dass es die klaren Sterne am Himmel waren, einer davon fiel herab und machte einen langen Feuerstreifen am Himmel.

„Nun stirbt jemand!“ sagte die Kleine, denn ihre alte Großmutter, welche die einzige war, die sie lieb gehabt hatte, die jetzt aber tot war, hatte gesagt: „Wenn ein Stern fällt, so steigt eine Seele zu Gott empor.“ Sie strich wieder ein Schwefelholz gegen die Mauer, es leuchtete ringsumher, und im Glanze desselben stand die alte Großmutter, glänzend, mild und lieblich da. „Großmutter!“ rief die Kleine. „O, nimm mich mit! Ich weiß, dass Du auch gehst, wenn das Schwefelholz ausgeht; gleich wie der warme Ofen, der schöne Gänsebraten und der große, herrliche Weihnachtsbaum!“ Sie strich eiligst den ganzen Rest der Schwefelhölzer, welche noch im Bunde waren, sie wollte die Großmutter recht festhalten; und die Schwefelhölzer leuchteten mit solchem Glanz, dass es heller war, als am lichten Tage. Die Großmutter war nie so schön, so groß gewesen; sie hob das kleine Mädchen auf ihren Arm, und in Glanz und Freude flogen sie in die Höhe, und da fühlte sie keine Kälte, keinen Hunger, keine Furcht – sie waren bei Gott!

→

[1] *Flor:* Schleier

Station 3

Name: ____________________

Volks- und Kunstmärchen 3

Aber im Winkel am Hause saß in der kalten Morgenstunde das kleine Mädchen mit roten Wangen, mit lächelndem Munde – tot, erfroren am letzten Abend des alten Jahres. Der Neujahrsmorgen ging über die kleine Leiche auf, welche mit Schwefelhölzern dasaß, wovon ein Bund fast verbrannt war. Sie hat sich wärmen wollen, sagte man. Niemand wusste, was sie Schönes erblickt hatte, in welchem Glanze sie mit der alten Großmutter zur Neujahrsfreude eingegangen war!

Aufgabe 1

Das traditionelle Volksmärchen weist häufig ähnliche, oft wiederkehrende Elemente auf. Finde weitere Beispiele für die hier aufgelisteten typischen Märchenelemente.
Tipp: Versuche, dich an dir bekannte Märchen zu erinnern, oder recherchiere im Internet.

Hauptfigur: Prinz/Prinzessin, ____________________

____

Handlungsort: Wald, ____________________

____

Ausgangssituation: bedrohtes Königreich, ____________________

____

Gegenspieler: Hexe, ____________________

____

Magische Elemente und Hilfsmittel: Zahlen, sprechende Tiere, ____________________

____

Auflösung/Belohnung: Reichtum, ____________________

____

Aufgabe 2

Welche Merkmale des Kunstmärchens „Das kleine Mädchen mit den Schwefelhölzern“ sind typisch romantisch? Schreibe deine Antwort auf ein Extrablatt.

Station 3

Name: ______

Volks- und Kunstmärchen 4

Aufgabe 3

Beantworte die folgenden Fragen zu den Merkmalen von Volks- und Kunstmärchen.

	Volksmärchen („Die Sterntaler“)	**Kunstmärchen** („Das kleine Mädchen mit den Schwefelhölzern“)
Ist die Urheberschaft des Märchens eindeutig?	☐ Ja, es wird ein Autor benannt. ☐ Nein, es wird kein Autor angegeben.	☐ Ja, es wird ein Autor benannt. ☐ Nein, es wird kein Autor angegeben.
Wird die Handlung in Ort und Zeit eingeordnet?	☐ Nein ☐ Ungenau ☐ Eindeutig	☐ Nein ☐ Ungenau ☐ Eindeutig
Beschreibe die Sprache.		
Wie lässt sich die Hauptfigur beschreiben?	☐ lebensnah ☐ eindimensional Begründung:	☐ lebensnah ☐ eindimensional Begründung:
Gibt es ein Happy End?	☐ Ja ☐ Nein	☐ Ja ☐ Nein
Welchen Platz nimmt die Magie/das Wunderbare in der Handlung und innerhalb der beschriebenen Welt ein?	Das Wunderbare wirkt wie ☐ ein Teil der erzählten Welt. ☐ ein Einbruch in die Realität. Begründung:	Das Wunderbare wirkt wie ☐ ein Teil der erzählten Welt. ☐ ein Einbruch in die Realität. Begründung:
Beide Märchen behandeln das gleiche Thema: Kinderarmut. Verfolgen die Autoren/Herausgeber aber auch die gleiche Absicht?		

Station 4

Name: ____________________

Die Fantastische Literatur 1

Im Zentrum des erzählerischen Werks von **Ernst Theodor Amadeus Hoffmann** (1776–1822) steht der Einbruch des Grauens in den (bürgerlichen) Alltag. **Das Unheimliche** entsteht dadurch, dass unbescholtene Menschen hilflos Mächten ausgesetzt sind, die ihr Leben und ihr Innerstes beeinflussen. E. T. A. Hoffmanns Erzählungen bedienten nicht nur die zeitgenössische Lust an „Schauerliteratur", sondern sie sind auch Kommentare sowohl zu der romantischen als auch zu der aufgeklärten Weltsicht.

Lies dir die Textzusammenfassung zu E. T. A. Hoffmanns Erzählung „Der Sandmann" sowie die beiden Auszüge aus der Erzählung genau durch und beantworte anschließend die Fragen.

E. T. A. Hoffmann: „Der Sandmann" (1817)
Textzusammenfassung

Der Student Nathanael berichtet einem Freund von einem schrecklichen Kindheitserlebnis: Nathanaels Vater führte gemeinsam mit einem Mann namens Coppelius heimlich alchemistische[1] Experimente durch. Der junge Nathanael wurde eines Nachts erwischt, als er sich im Arbeitszimmer des Vaters versteckt hielt, um diesem Treiben auf die Schliche zu kommen. Coppelius drohte, ihm seine Augen zu stehlen. Einige Zeit später starb Nathanaels Vater bei einer Explosion, für die die Familie Coppelius und die nächtlichen Experimente verantwortlich machte.
Nathanael glaubt, Jahre später, den unheimlichen Coppelius – der ihm wie ein böser Dämon in Erinnerung geblieben ist – in Gestalt des Wetterglashändlers Coppola wiedergesehen zu haben. Seinem Freund und seiner Verlobten Clara gelingt es, ihn soweit zu beruhigen, dass er Coppola letztlich ein Fernrohr abkauft. So lernt er schließlich Olimpia kennen, die Tochter seines Professors Spalanzani, die er mithilfe des Fernrohres beobachten kann. Er verliebt sich Hals über Kopf in Olimpia. Er ist derart blind vor Liebe und Begeisterung, dass er nicht merkt, dass Olimpia eine mechanische Puppe ist – entworfen von Spalanzani unter Beihilfe Coppolas. Als Nathanael den Betrug aufdeckt, bricht für ihn eine Welt zusammen. Er versucht in Raserei, den Professor zu töten. Daraufhin verbringt er einige Zeit in einem Tollhaus, wird aber schließlich als geheilt entlassen.
Während eines Stadtbummels steigt er zusammen mit Clara auf einen Ratsturm. Um die Aussicht besser genießen zu können, zieht er eben jenes Fernrohr wieder hervor, das ihm einst der Händler Coppola verkauft hat. Clara vor Augen meint Nathanael plötzlich, nur eine menschlich aussehende Hülle vor sich zu haben. Er will Clara vom Turm stürzen, ihr Bruder kann sie jedoch retten. Als Nathanael glaubt, in der unten versammelten Menschenmenge den Alchemisten Coppelius zu erkennen, stürzt er sich in den Tod.

[1] *Alchemie:* Im Mittelalter verbreitete Wissenschaft in Anlehnung an die Chemie. Bekannt sind z. B. die Versuche, unedle Stoffe in Gold zu verwandeln. Oft wird von der Alchemie aber auch im Zusammenhang mit schwarzer Magie gesprochen.

Name: ______________________

Die Fantastische Literatur 2

Text 1

Auszug aus E. T. A. Hoffmann: „Der Sandmann“ (1817)

„Tu mir den Gefallen, Bruder“, sprach eines Tages Siegmund, „tu mir den Gefallen und sage, wie es dir gescheuten Kerl möglich war, dich in das Wachsgesicht, in die Holzpuppe da drüben zu vergaffen?“ Nathanael wollte zornig auffahren, doch schnell besann er sich und erwiderte: „Sage *du* mir, Siegmund, wie deinem, sonst alles Schöne klar auffassenden Blick, deinem regen Sinn, Olimpias himmlischer Liebreiz entgehen konnte? Doch eben deshalb habe ich, Dank sei es dem Geschick, dich nicht zum Nebenbuhler, denn sonst müsste einer von uns blutend fallen.“ Siegmund merkte wohl, wie es mit dem Freunde stand, lenkte geschickt ein und fügte, nachdem er geäußert, dass in der Liebe niemals über den Gegenstand zu richten sei, hinzu: „Wunderlich ist es doch, dass viele von uns über Olimpia ziemlich gleich urteilen. Sie ist uns – nimm es nicht übel, Bruder! – auf seltsame Weise starr und seelenlos erschienen. Ihr Wuchs ist regelmäßig, so wie ihr Gesicht, das ist wahr! Sie könnte für schön gelten, wenn ihr Blick nicht so ganz ohne Lebensstrahl, ich möchte sagen, ohne Sehkraft wäre. Ihr Schritt ist sonderbar abgemessen, jede Bewegung scheint durch den Gang eines aufgezogenen Räderwerks bedingt. Ihr Spiel, ihr Singen hat den unangenehm richtigen geistlosen Takt der singenden Maschine und ebenso ist ihr Tanz. Uns ist diese Olimpia ganz unheimlich geworden, wir mochten nichts mit ihr zu schaffen haben, es war uns als tue sie nur so wie ein lebendiges Wesen und doch habe es mit ihr eine eigne Bewandtnis.“ – Nathanael gab sich dem bittern Gefühl, das ihn bei diesen Worten Siegmunds ergreifen wollte, durchaus nicht hin, er wurde Herr seines Unmuts und sagte bloß sehr ernst: „Wohl mag euch, ihr kalten prosaischen Menschen, Olimpia unheimlich sein. Nur dem poetischen Gemüt entfaltet sich das gleich organisierte! – Nur *mir* ging ihr Liebesblick auf und durchstrahlte Sinn und Gedanken, nur in Olimpias Liebe finde ich mein Selbst wieder [...] Sie spricht wenig Worte, das ist wahr, aber diese wenigen Worte erscheinen als echte Hieroglyphe der innern Welt voll Liebe und hoher Erkenntnis [...] Doch für alles das habt ihr keinen Sinn und alles sind verlorne Worte.“ – „Behüte dich Gott, Herr Bruder“, sagte Siegmund sehr sanft, beinahe wehmütig, „aber mir scheint es, du seist auf bösem Wege“.

Text 2

Auszug aus E. T. A. Hoffmann: „Der Sandmann“ (1817)

Juristen nannten es sogar einen feinen und umso härter zu bestrafenden Betrug, als er gegen das Publikum gerichtet und so schlau angelegt worden, dass kein Mensch (ganz kluge Studenten ausgenommen) es gemerkt habe, unerachtet jetzt alle weise tun und sich auf allerlei Tatsachen berufen wollten, die ihnen verdächtig vorgekommen [...] Aber viele hochzuverehrende Herren beruhigten sich nicht dabei, die Geschichte mit dem Automat hatte tief in ihrer Seele Wurzel gefasst und es schlich sich in der Tat abscheuliches Misstrauen gegen menschliche Figuren ein. Um nun ganz überzeugt zu werden, dass man keine Holzpuppe liebe, wurde von mehrern Liebhabern verlangt, dass die Geliebte etwas taktlos singe und tanze, dass sie beim Vorlesen sticke, stricke, mit dem Möpschen spiele usw. vor allen Dingen aber, dass sie nicht bloß höre, sondern auch manchmal in der Art spreche, dass dies Sprechen wirklich ein Denken und Empfinden voraussetze.

Station 4

Name:

Die Fantastische Literatur 3

Aufgabe 1

Viele literarische Figuren der Romantik sind Außenseiter.
Skizziere im folgenden Schaubild Nathanaels Entgrenzung bzw. Entfremdung. Beschreibe in Stichworten, wie sich der Blick Nathanaels auf Olimpia von dem der Gesellschaft unterscheidet (Text 1). Wie reagiert die Gesellschaft auf den Betrug (Text 2)?

Nathanael sieht in Olimpia:

„Spiegel seiner Selbst“

Entfremdung

Die Gesellschaft sieht in Olimpia:

Automat (zuerst nur Verdacht)

Entdeckung des Betrugs

Reaktion Nathanaels:

Verlust seiner Selbst (Identität) und Verlust des Glaubens an die eigene Wahrnehmungsfähigkeit → Wahnsinn

Entdeckung des Betrugs

Reaktion der Gesellschaft:

Aufgabe 2

Wie stellt E. T. A. Hoffmann den romantischen Menschen, hier in Gestalt Nathanaels, und die romantische Sichtweise generell dar? Schreibe deine Antwort auf ein Extrablatt.

Aufgabe 3

Mit welchen Ängsten der modernen, vernunftorientierten Gesellschaft spielt der Romantiker E. T. A. Hoffmann? Verbirgt sich hier auch Kritik am aufgeklärten Bürgertum? Notiere deine Überlegungen auf einem Extrablatt.

Station 1

Die Politisierung der Literatur 1

Name: ____________________

In der ersten Hälfte des 18. Jahrhunderts nahm vor allem die **politische Lyrik** eine bedeutende Position ein. Die Literatur des **Vormärz** und des **Jungen Deutschland** (ca. 1830–1848) war in ihren demokratischen Forderungen provokativ und patriotisch (z. B. freie Meinungsäußerung, Bildung eines einheitlichen Nationalstaates, Emanzipation der Frau, Zugang zu Bildung).

Aufgabe 1

Setze in den folgenden Sätzen die passenden Begriffe ein.
Tipp: Die passenden Wörter sind im Rätsel versteckt.

R	E	D	L	U	D	W	I	G	Z	U	I	W
M	V	F	A	S	Q	G	H	H	U	L	K	E
R	P	F	R	I	E	D	E	U	O	M	S	B
E	K	Q	A	Q	B	G	T	N	L	N	A	E
L	M	K	P	U	Z	K	G	G	R	V	Y	R
I	Q	R	X	K	N	I	B	E	E	C	X	A
G	Y	I	A	W	E	R	J	R	D	X	N	U
I	D	E	U	T	S	C	H	L	A	N	D	F
O	T	G	R	E	I	L	K	I	D	G	R	S
N	N	A	C	H	T	N	M	E	M	E	R	T
Z	U	K	L	Ö	T	A	V	D	N	S	T	A
D	F	A	L	L	E	R	S	L	E	B	E	N
C	V	Ü	Ä	P	N	S	W	D	X	Y	Z	D

1. Das Gedicht „Nachtgedanken" (1843) von Heinrich Heine beginnt mit den berühmten Versen:
   „Denk ich an ____________________ in der ____________,
   Dann bin ich um den Schlaf gebracht."
2. Im Bundestagsbeschluss von 1835 wurde den Autoren des Jungen Deutschland insbesondere ______________skritik und ______________verfall vorgeworfen.
3. Neben Heinrich Heine gilt ____________________ Börne als Mitbegründer des modernen Feuilletons. Wie Heine lebte auch er im Pariser Exil. Er berichtete viel über die französische Julirevolution (1830) und hoffte, die Unruhen würden auch in Deutschland zu Umwälzungen führen.
4. Als Motto der politischen Literatur dieser Zeit gilt Georg Büchners Aufruf „______________ den Hütten! ____________________ den Palästen!" aus dem „Hessischen Landboten"(1834).
5. In dem Gedicht „Das ____________________" (1844) droht Georg Weerth dem König, er solle Brot für die hungerleidende Bevölkerung backen, sonst werden sie „fressen, o König, dich!".
6. Heinrich Heine reagierte auf den schlesischen ____________________________ des Jahres 1844 mit einem sozialkritischen Gedicht.
7. August Heinrich Hoffmann von ______________________________ ist uns heute vor allem aufgrund seiner Kinderlieder bekannt (z. B. „Alle Vögel sind schon da", „Kuckuck, Kuckuck"). Sein „Lied der Deutschen" (1841) wurde später von den Nationalsozialisten für ihre Zwecke missbraucht.

Station 1

Name: ____________________

Die Politisierung der Literatur 2

Der Dichter **Heinrich Heine** (1797–1856) zeichnete sich durch sein politisches Engagement aus. Seine Gedichte lassen sich einerseits als Aufruf zum politischen Handeln lesen, andererseits verfasste Heine aber auch Gedichte, in denen er sich kritisch zur Revolutionsfähigkeit der Deutschen äußerte. Sein besonderes Markenzeichen ist die ihm eigene **Ironie**.
Das Gedicht „Zur Beruhigung“ (1844) ist ein treffendes Beispiel für den ironisch-kritischen Ton seines Werkes.

Lies dir das Gedicht „Zur Beruhigung“ von Heinrich Heine (1797–1856) genau durch und beantworte anschließend die Fragen.

Heinrich Heine: „Zur Beruhigung“ (1844)

Wir schlafen ganz, wie Brutus[1] schlief –
Doch jener erwachte und bohrte tief
In Cäsars Brust das kalte Messer!
Die Römer waren Tyrannenfresser.

Wir sind keine Römer, wir rauchen Tabak.
Ein jedes Volk hat seinen Geschmack,
Ein jedes Volk hat seine Größe;
In Schwaben kocht man die besten Klöße.

Wir sind Germanen, gemütlich und brav,
Wir schlafen gesunden Pflanzenschlaf,
Und wenn wir erwachen, pflegt uns zu dürsten,
Doch nicht nach dem Blute unserer Fürsten.

Wir sind so treu wie Eichenholz,
Auch Lindenholz[2], drauf sind wir stolz;
Im Land der Eichen und der Linden
Wird niemals sich ein Brutus finden.

Und wenn auch ein Brutus unter uns wär,
Den Cäsar fänd er nimmermehr,
Vergeblich würd er den Cäsar suchen;
Wir haben gute Pfefferkuchen.

Wir haben sechsunddreißig Herrn[3]
(Ist nicht zu viel!), und einen Stern
Trägt jeder schützend auf seinem Herzen,
Und er braucht nicht zu fürchten die Iden
des Märzen[4].

Wir nennen sie Väter, und Vaterland
Benennen wir dasjenige Land,
Das erbeigentümlich gehört den Fürsten;
Wir lieben auch Sauerkraut mit Würsten.

Wenn unser Vater spazierengeht,
Ziehn wir den Hut mit Pietät[5];
Deutschland, die fromme Kinderstube,
Ist keine römische Mördergrube.

1 *Brutus* (85–42 v. Chr.) war einer der Mörder von Gaius Iulius Caesar (100–44 v. Chr.).
2 *Lindenholz* ist ein recht weiches Holz und eignet sich gut zur Bearbeitung.
3 Verweis auf die damalige deutsche Kleinstaaterei: 36 Fürsten regierten 36 Kleinstaaten.
4 *Iden des März*: 15. März 44 v. Chr., Tag der Ermordung Caesars
5 *Pietät:* ehrfürchtiger Respekt, taktvolle Rücksichtnahme

Station 1

Name: ____________________

Die Politisierung der Literatur 3

Aufgabe 2

Heinrich Heines Ironie zeigt sich in dem Gedicht „Zur Beruhigung" unter anderem in der Gegenüberstellung zweier nationaler Mentalitäten. Fülle das folgende Schaubild mit Zitaten aus dem Gedicht.

Wir (Germanen)	→	Römer
____________________	←	____________________
gemütlich und brav	→	____________________
____________________	←	römische Mördergrube

Vincenzo Camuccini: *Der Tod des Cäsar* (1798)

Aufgabe 3

„Ein jedes Volk hat seinen Geschmack, ein jedes Volk hat seine Größe." (Vers 6/7)
Welches Zeugnis stellt Heinrich Heine seinen Zeitgenossen aus? Schreibe deine Überlegungen auf ein Extrablatt.

Aufgabe 4

1. Welche Wirkung wollte Heinrich Heine erzielen?
   Heinrich Heine hielt den Menschen einen Spiegel vor, um …

   ☐ sie zu unterhalten. ☐ sie zu beleidigen. ☐ sie wachzurütteln.

2. Konnten die Fürsten dem Titel des Gedichts – „Zur Beruhigung" – Glauben schenken und letztlich beruhigt sein? Begründe deine Antwort und notiere deine Überlegungen auf einem Extrablatt.

Station 2

Name: ____________________

„Was ist das, was in uns lügt, mordet, stiehlt?“ – Georg Büchner 1

Georg Büchner (1813–1837) war ein Aufrührer, seine politischen Pamphlete und Dramen gelten als **revolutionär** und **bahnbrechend**.
Durch Büchners gesamtes Werk zieht sich die eine Frage: Welche Abhängigkeiten wirken auf die menschliche Existenz und welchen Einfluss nehmen sie auf das Denken und Handeln der Menschen? Büchner war davon überzeugt, dass der **Mensch in Bezug auf die äußeren Faktoren unfrei** ist. Geburt, Herkunft, materielle Spielräume und soziales Umfeld determinieren den Menschen.

Determinismus

Der Determinismus widerspricht der These vom freien Willen. Innere und äußere Umstände bestimmen den Menschen und sein Handeln. Jedes Geschehen wird durch eine Kette von Zusammenhängen (Ursache und Wirkung) ausgelöst.

Lies dir die folgende Textzusammenfassung zu Georg Büchners Drama „Woyzeck“ sowie den Auszug aus dem Drama genau durch und beantworte anschließend die Fragen.

Georg Büchner: „Woyzeck“ (1836/37)
Textzusammenfassung

Franz Woyzeck ist ein mittelloser Soldat, mit seiner Geliebten Marie hat er ein uneheliches Kind. Er geht unterschiedlichen kleineren Tätigkeiten nach und versucht so, den Lebensunterhalt für seine kleine Familie zu sichern. Ein kleines Zubrot verdient er sich durch seine Teilnahme bei medizinischen Experimenten. Dies hat aber zur Folge, dass er unter Wahnvorstellungen leidet. Als Angehöriger der untersten sozialen Schicht muss er täglich Erniedrigungen in Kauf nehmen. Sein einziger Halt sind Marie und das Kind. Als Marie sich jedoch auf den Tambourmajor, der ihr kostspielige Geschenke macht, einlässt, verliert Woyzeck den Verstand. Er tötet Marie und schließlich auch sich selbst.

Das Drama „Woyzeck“ ist nur als Fragment erhalten und wurde erst 1879 posthum veröffentlicht. Büchner hinterließ handschriftliche Fassungen ohne feste Szenenabfolge. Aus diesem Grund unterscheidet sich häufig die Abfolge der einzelnen Szenen in verschiedenen Ausgaben. Als Vorlage für seine Milieustudie nahm Büchner den Fall des Leipziger Perückenmachers Johann Christian Woyzeck, der 1821 seine Geliebte aus Eifersucht erstochen hatte. Obwohl der Angeklagte geständig war, zog sich das Verfahren über drei Jahre hin, da Zweifel an der psychischen Gesundheit Woyzecks laut wurden. Im August 1824 wurde er schließlich auf dem Marktplatz in Leipzig hingerichtet.

Station 2

Name: ____________

„Was ist das, was in uns lügt, mordet, stiehlt?" – Georg Büchner 2

Georg Büchner: „Woyzeck" (1836/37)

Szene: Der Hauptmann. Woyzeck.
(Hauptmann auf dem Stuhl, Woyzeck rasiert ihn.)
[...]

Hauptmann: Woyzeck, Er sieht immer so verhetzt aus! Ein guter Mensch tut das nicht, ein guter Mensch, der sein gutes Gewissen hat. – Red er doch was Woyzeck! Was ist heut für Wetter?
Woyzeck: Schlimm, Herr Hauptmann, schlimm: Wind!
Hauptmann: Ich spür's schon. 's ist so was Geschwindes draußen: so ein Wind macht mir den Effekt wie eine Maus. – (*pfiffig*) Ich glaub', wir haben so was aus Süd-Nord?
Woyzeck: Jawohl, Herr Hauptmann.
Hauptmann: Ha, ha, ha! Süd-Nord! Ha, ha, ha! Oh, Er ist dumm, ganz abscheulich dumm! – (*gerührt*) Woyzeck, Er ist ein guter Mensch – aber – (*mit Würde*) Woyzeck, Er hat keine Moral! Moral, das ist, wenn man moralisch ist, versteht Er. Es ist ein gutes Wort. Er hat ein Kind ohne den Segen der Kirche, wie unser hocherwürdiger Herr Garnisionsprediger sagt – ohne den Segen der Kirche, es ist nicht von mir.
Woyzeck: Herr Hauptmann, der liebe Gott wird den armen Wurm nicht drum ansehen, ob das Amen drüber gesagt ist, eh er gemacht wurde. Der Herr sprach: Lasset die Kleinen zu mir kommen.
Hauptmann: Was sagt Er da? Was ist das für ne kuriose Antwort? Er macht mich ganz konfus mit seiner Antwort. Wenn ich sag': Er, so mein' ich Ihn, Ihn –
Woyzeck: Wir arme Leut – Sehn Sie, Herr Hauptmann: Geld, Geld! Wer kein Geld hat – Da setz einmal eines seinesgleichen auf die Moral in der Welt! Man hat auch sein Fleisch und Blut. Unsereins ist doch einmal unselig in der und der andern Welt. Ich glaub', wenn wir in Himmel kämen, so müssten wir donnern helfen.
Hauptmann: Woyzeck, Er hat keine Tugend! Er ist kein tugendhafter Mensch! Fleisch und Blut? Wenn ich am Fenster lieg', wenn`s geregnet hat, und den weißen Strümpfen nachseh', wie sie über die Gassen springen – verdammt, Woyzeck, da kommt mir die Liebe! Ich hab auch Fleisch und Blut. Aber Woyzeck, die Tugend! Die Tugend! Wie sollte ich dann die Zeit rumbringen? Ich sag' mir immer: du bist ein tugendhafter Mensch (*gerührt*), ein guter Mensch, ein guter Mensch.
Woyzeck: Ja, Herr Hauptmann, die Tugend – ich hab's noch nit so aus. Sehn Sie: wir gemeine Leut, das hat keine Tugend, es kommt einem nur so die Natur; aber wenn ich ein Herr wär und hätt' ein' Hut und eine Uhr und eine Anglaise[1] und könnt' vornehm rede, ich wollt' schon tugendhaft sein. Es muss was Schönes sein um die Tugend, Herr Hauptmann. Aber ich bin ein armer Kerl!
Hauptmann: Gut Woyzeck. Du bist ein guter Mensch, ein guter Mensch. Aber du denkst zu viel, das zehrt; du siehst immer so verhetzt aus. – Der Diskurs hat mich ganz angegriffen. Geh jetzt, und renn nicht so; langsam, hübsch langsam die Straße hinunter!

[1] *Anglaise*: eigentlich ein Gesellschaftstanz; Woyzeck meint wohl einen passenden Anzug, der zu solch einem Anlass getragen werden kann.

Station 2

Name: ______________________

„Was ist das, was in uns lügt, mordet, stiehlt?“ – Georg Büchner 3

Aufgabe 1

In der Szene „Der Hauptmann. Woyzeck.“ aus Georg Büchners Drama „Woyzeck“ treffen zwei unterschiedliche Menschenbilder aufeinander. Sie unterscheiden sich in ihrer Ansicht darüber, welche Faktoren unser Wesen und unsere Entscheidungen beeinflussen und bestimmen. Das folgende Schaubild stellt die Sichtweise des Hauptmanns und Woyzecks dar. Ergänze das Schaubild, indem du die einzelnen Begriffe den jeweils passenden Feldern zuordnest.

Hauptmann

DENKEN | TUGEND & MORAL | NATUR (Triebe, Instinkte) | HANDELN

Woyzeck

DENKEN | TUGEND & MORAL | NATUR (Triebe, Instinkte) | HANDELN

SOZIALE VERHÄLTNISSE

Station 2

„Was ist das, was in uns lügt, mordet, stiehlt?“ – Georg Büchner 4

Name: ____________________

Aufgabe 2

Die Figuren Hauptmann und Woyzeck stehen für unterschiedliche Überzeugungen. Ordne die folgenden Zitate den Figuren zu und begründe jeweils deine Zuordnung.

„Das Sein bestimmt das Bewusstsein.“

Passt zur Figur ____________________

Begründung: ____________________

„Beherrschung der Triebe durch die moralische Kraft ist Geistesfreiheit und Würde heißt ihr Ausdruck in der Erscheinung.“

Passt zur Figur ____________________

Begründung: ____________________

Aufgabe 3

1. Welche Argumente führt der Hauptmann an, um die untergeordnete Rolle Woyzecks zu rechtfertigen und seine eigene vermeintliche Überlegenheit zu demonstrieren? Schreibe die Argumente auf ein Extrablatt.

2. Inwiefern wird der Hauptmann im Laufe der Szene bloßgestellt? Inwieweit wird so auch dessen Selbstbild beschädigt? Wie beurteilt Georg Büchner folglich die gesellschaftliche Rangordnung? Notiere deine Überlegungen auf einem Extrablatt.

Station 3

Name: ____________________

Die Kunstauffassung Georg Büchners 1

Georg Büchner (1813–1837) wird häufig als Revolutionär bezeichnet. Er widersetzte sich nicht nur der traditionellen Dramenform, er porträtierte auch unverblümt Vertreter der untersten sozialen Schichten und psychisch Kranke sowie die Ohnmacht des Menschen angesichts unsichtbar herrschender Kräfte. Damit setzte er sich deutlich von der Klassik und ihrer idealistischen Kunstauffassung ab.
In Georg Büchners Werken und Briefen ist deutlich seine kritische Haltung erkennbar. Weiter lässt sich hier aber auch mehr über seine persönliche Auffassung und Einstellung bezüglich der Aufgaben eines Dichters, der Figurenzeichnung und Motivwahl erfahren.

Lies dir den folgenden Auszug aus einem Brief Georg Büchners an seine Familie genau durch und beantworte anschließend die Fragen.

Auszug aus Georg Büchner: „Brief an die Familie“

An die Familie *Straßburg, 28. Juli 1835*

[...] der dramatische Dichter ist in meinen Augen nichts, als ein Geschichtsschreiber, steht aber *über* Letzterem dadurch, dass er uns die Geschichte zum zweiten Mal erschafft und uns gleich unmittelbar, statt eine trockene Erzählung zu geben, in das Leben einer Zeit hineinversetzt, uns statt Charakteristiken Charaktere, und statt Beschreibungen Gestalten gibt. Seine höchste Aufgabe ist, der Geschichte, wie sie sich wirklich begeben, so nahe als möglich zu kommen. Sein Buch darf weder *sittlicher* noch *unsittlicher* sein, als die *Geschichte selbst*; aber die Geschichte ist vom lieben Herrgott nicht zu einer Lektüre für junge Frauenzimmer geschaffen worden, und da ist es mir auch nicht übel zu nehmen, wenn mein Drama ebensowenig dazu geeignet ist. Ich kann doch aus meinem Danton und den Banditen der Revolution nicht Tugendhelden machen! Wenn ich ihre Liederlichkeit schildern wollte, so musste ich sie eben liederlich sein, wenn ich ihre Gottlosigkeit zeigen wollte, so musste ich sie eben wie Atheisten sprechen lassen. Wenn einige unanständige Ausdrücke vorkommen, so denke man an die weltbekannte, obszöne Sprache der damaligen Zeit, wozu das, was ich meine Leute sagen lasse, nur ein schwacher Abriss ist. [...]
Der Dichter ist kein Lehrer der Moral, er erfindet und schafft Gestalten, er macht vergangene Zeiten wieder aufleben, und die Leute mögen dann daraus lernen, so gut, wie aus dem Studium der Geschichte und der Beobachtung dessen, was im menschlichen Leben um sie herum vorgeht. [...]
Wenn man mir übrigens noch sagen wollte, der Dichter müsse die Welt nicht zeigen wie sie ist, sondern wie sie sein solle, so antworte ich, dass ich es nicht besser machen will, als der liebe Gott, der die Welt gewiss gemacht hat, wie sie sein soll. Was noch die sogenannten Idealdichter anbetrifft, so finde ich, dass sie fast nichts als Marionetten mit himmelblauen Nasen und affektiertem Pathos, aber nicht Menschen von Fleisch und Blut gegeben haben, deren Leid und Freude mich mitempfinden macht und deren Tun und Handeln mir Abscheu oder Bewunderung einflößt.

Station 3

Die Kunstauffassung Georg Büchners 2

Name: ______________________

Aufgabe 1

Was kritisiert Büchner an der idealistischen Kunstauffassung der Klassiker? Schreibe deine Antwort auf ein Extrablatt.

Aufgabe 2

Die Dramen Georg Büchners wurden seinerzeit gern wegen ihres vulgären Tons und ihrer ungeschönten Darstellung des Hässlichen kritisiert. Gerade darum kann man Büchner aber als Vorreiter folgender literarischer Epoche bezeichnen:

☐ Realismus ☐ Naturalismus ☐ Neue Sachlichkeit

Lies dir den folgenden Auszug aus Friedrich Schillers (1759–1805) „Über Bürgers Gedichte" genau durch und beantworte anschließend die Fragen.

Auszug aus Friedrich Schiller: „Über Bürgers Gedichte" (1789)

Die Sitten, den Charakter, die ganze Weisheit ihrer Zeit müsste sie [*die Dichtkunst*], geläutert und veredelt, in ihrem Spiegel sammeln und mit idealisierender Kunst aus dem Jahrhundert selbst ein Muster für das Jahrhundert erschaffen. […]

Unmöglich kann der gebildete Mann […] in Gedichten die Vorurteile, die gemeinen Sitten, die Geistesleerheit wiederfinden wollen, die ihn im wirklichen Leben verscheuchen. Mit Recht verlangt er von dem Dichter, […] dass er im Intellektuellen und Sittlichen auf einer Stufe mit ihm stehe, weil er auch in Stunden des Genusses nicht unter sich sinken will. Es ist also nicht genug, Empfindung mit erhöhten Farben zu schildern; man muss auch erhöht empfinden. […] Der höchste Wert seines [*des Dichters*] Gedichtes kann kein andrer sein, als dass es der reine vollendete Abdruck einer interessanten Gemütslage eines interessanten vollendeten Geistes ist. Nur ein solcher Geist soll sich uns in Kunstwerken ausprägen; […] Vom Ästhetischen gilt eben das, was vom Sittlichen; wie es hier der moralisch vortreffliche Charakter eines Menschen allein ist, der einer seiner einzelnen Handlungen den Stempel moralischer Güte aufdrücken kann; so ist es dort nur der reife, der vollkommene Geist, von dem das Reife, das Vollkommene ausfließt. […]

Eine der ersten Erfordernisse des Dichters ist Idealisierung, Veredlung, ohne welche er aufhört, seinen Namen zu verdienen. Ihm kommt es zu, das Vortreffliche seines Gegenstandes […] von gröbern, wenigstens fremdartigen Beimischungen zu befreien, die in mehrern Gegenständen zerstreuten Strahlen von Vollkommenheit in einem einzigen zu sammeln, einzelne, das Ebenmaß störende Züge der Harmonie des Ganzen zu unterwerfen, das Individuelle und Lokale zum Allgemeinen zu erheben.

Station 3

Die Kunstauffassung Georg Büchners 3

Name: ____________________

Aufgabe 3

Wie grenzt sich Georg Büchner in seinen Auffassungen gegenüber dem klassischen Dichter und der idealistischen Kunstauffassung Friedrich Schillers ab? Fülle die folgende Tabelle aus.

	Klassische Position 	**Büchners Position** 
Darstellung der Wirklichkeit		
Aufgabe der Kunst		
Anforderung an den Dichter		
Mittel der künstlerischen Darstellung		

Station 4

Der Biedermeier – ein Lebensgefühl 1

Name: ______________________

Der **Biedermeier** war, wie auch der Vormärz, eine direkte Reaktion auf die Restaurationspolitik seit dem Wiener Kongress 1815. Er suchte jedoch einen anderen Weg.
Mit dem Begriff Biedermeier wird sowohl ein **bürgerlicher Lebensstil**, der sich z. B. in Garderobe und Mobiliar widerspiegelte, als auch eine **literarische Epoche** (ca. 1820–1850) bezeichnet. Charakteristisch ist die Betonung des Privaten und der Rückzug ins Häusliche. Der Biedermeier ist somit eine **Gegenbewegung zum politischen Vormärz**. Die Autoren verzichteten auf die Darstellung sozialer Missstände oder Verweise auf die Revolutionsbewegungen in Frankreich.
Der Arzt Adolf Kußmaul (1822–1902) und der Amtsrichter Ludwig Eichrodt (1827–1892) verfassten zusammen anekdotische Erzählungen eines fiktiven Dorfschulmeisters. Von 1855 bis 1857 erschienen diese unter dem Pseudonym **Gottlieb Biedermaier** in den **„Fliegenden Blättern"**, einer humoristischen Zeitschrift, die von 1844 bis 1944 erschien und vor allem für ihre satirische Darstellung des deutschen Bürgertums bekannt war. Der spießbürgerliche Lehrer Gottlieb Biedermaier wurde zum literarischen Aushängeschild der Epoche.

Lies dir den folgenden Auszug aus dem Vorwort zu „W. G. Biedermaiers Auserlesene Gedichte" genau durch und beantworte anschließend die Fragen.

Auszug aus dem Vorwort zu „W. G. Biedermaiers Auserlesene Gedichte" (erschienen 1869)

[...] der genügsame Biedermaier, dem seine kleine Stube, sein enger Garten, sein unansehnlicher Flecken und das dürftige Los eines verachteten Dorfschulmeisters zu irdischer Glückseligkeit verhelfen. [...] Bei einer kärglichen Besoldung findet dieser würdige Mann in dem tiefen Schachte seines einfachen, redlichen und heiteren Schwabengemütes die köstliche Quelle, welche ihm die Sorgen des Familienlebens verscheuchen und die Lasten des Berufes tragen hilft, den goldenen Zauber, der ihm die eintönige Prosa seiner dörfischen Umgebung paradiesisch verschönt, und das unschätzbare Elixier, welches ihn geliebt und verehrt von seinen Landsleuten das hohe Alter von achtzig Jahren erreichen lässt, ohne auch nur ein einziges Mal wirklich krank gewesen zu sein, oder mit seinem Gott und König gegrollt zu haben. Bibel und Gesangbuch sind seine geistige Nahrung; Volkslied und Kirchenlied lehrten ihn den gelenkigen Versbau, ja mitunter geriet ihm ein altes Bändchen Schiller oder Goethe in die Hand, er verschlingt es, ohne rechtes Verständnis sich zuzutrauen, und bringt es dem Herrn Pfarrer bald wieder zurück, unheimlich heimlich berührt. [...]
Großer Leser, etliche dieser Lieder, deren auserlesenste wir hiermit gesammelt dem Drucke übergeben, werden Dir schon bekannt sein. [...] Gemütliche Biederkeit ist der Grundton, der durch diese Lieder zieht, eine naive Beachtung der einfachsten Verhältnisse des Lebens, welche der raffinierte moderne Weltmensch gar nicht mehr zu erkennen vermag, eine Verehrung der Autorität und Ordnung, wie sie uns in den Wirrsalen der letzten Jahre ganz abhanden gekommen ist.

Geschrieben 1850

Station 4

Der Biedermeier – ein Lebensgefühl 2

Name: ______________________

Aufgabe 1

Auch wenn das Vorwort zu „W. G. Biedermaiers Auserlesene Gedichte“ satirisch überspitzt geschrieben und somit nicht ganz ernst zu nehmen ist, erfährt man hier doch einiges über das typische Lebensgefühl im Biedermeier. Markiere Schlüsselwörter im Text und beantworte die folgenden Fragen.

1. Welche Charakterzüge zeichnen den idealtypischen „Herrn Biedermeier“ aus?

Gesucht: „Herr Biedermeier“

____

____

____

2. Was scheint dem Biedermeier das Wichtigste im Leben zu sein?

- ☐ Befriedigung von Sehnsüchten
- ☐ Kenntnis der aktuellen Weltpolitik
- ☐ Häuslichkeit und ein privater Rückzugsraum

3. Wie begegnet ein Biedermeier den Unannehmlichkeiten des Lebens?

____

____

Aufgabe 2

Was verstand der Biedermeier unter den Begriffen Glück und Ruhm? Lies dir die folgenden Gedichtzeilen durch und überlege dir eine Definition der Begriffe aus Sicht des Biedermeiers.

Eines nur ist Glück hienieden,
Eins: des Innern stiller Frieden
Und die schuldbefreite Brust!
Und die Größe ist gefährlich,
Und der Ruhm ein leeres Spiel;
Was er gibt, sind nicht'ge Schatten,
Was er nimmt, es ist so viel!

Glück: ______________________________

____

____

Ruhm und Größe: ______________________________

____

____

Station 4

Name: ____________________

Der Biedermeier – ein Lebensgefühl 3

Der bekannteste Maler des Biedermeier ist **Carl Spitzweg** (1808–1885). Spitzweg nahm in seinen Bildern besonders gern das deutsche Kleinbürgertum und dessen Lebenswelt aufs Korn. Dabei verzichtete er aber auf beißenden Spott, er bevorzugte **leise ironische Untertöne**. Ein beliebtes Motiv Spitzwegs war der Sonntagsspaziergang.

Carl Spitzweg: *Der Sonntagsspaziergang* (1841)

Aufgabe 3

Betrachte das Bild „Der Sonntagsspaziergang" von Carl Spitzweg zunächst nur kurz. Wie würdest du die Darstellungsart beschreiben? Kreise die passenden Begriffe ein.

abstrakt idealisiert ironisch symbolisch

kitschig provozierend realistisch

Aufgabe 4

Betrachte nun das Bild Spitzwegs genauer.

1. Was ist das typisch Biedermeierliche an diesem Bild? Notiere deine Antwort auf einem Extrablatt.
2. Worin zeigt sich der ironische Unterton des Malers? Schreibe deine Überlegungen auf ein Extrablatt.

Renaissance (ca. 1450–1600)

Station 1: Der Übergang vom Mittelalter zur Neuzeit, Seite 8

Die vorgegebenen Wörter sind in folgender Reihenfolge einzusetzen: feudale Ständegesellschaft, Adel und Klerus, „gottgegebene Ordnung", Geburt, christlich-katholische, Klöster, Heiligen Schrift, Latein, Städte, Handel und Handwerk, Bürgertum, Florenz, Bürgerkultur, Entdeckungen und Erfindungen, 1492, Indien, Nikolaus Kopernikus, geozentrische Weltbild, Wissenschaften, Renaissance, Menschenwürde, Erasmus von Rotterdam, Reformation, Ablasshandel, Martin Luther, 95, Augsburger Religionsfrieden, Dreißigjährigen Krieg

Station 2: Ein neues Menschenbild, Seite 10

Aufgabe 1

Der Mensch des Mittelalters: Der Blick auf die Welt und der Blick auf den Menschen bzw. das Bewusstsein vom Menschsein ist verschleiert. Ein Schleier verdeckt/vernebelt die Sicht (Symbol für z. B. Unwissenheit). Dieser Schleier bestand aus kirchlichen Lehren, aus kindlicher Befangenheit (Angst) und Wahn (z. B. durch vorgegebene Dogmen, politische Wirrungen usw.). Dies wirkte sich auf die Weltauffassung und historische Deutung aus. Der Mensch sah sich nicht als Individuum (mit eigenen Wünschen und Sehnsüchten), sondern immer nur als Teil von Gemeinschaften, die wiederum als Rasse, Volk, Partei usw. eigene Interessen verfolgen (Diskrepanz zwischen Kollektiv und Individuum).

Der „moderne" Mensch der Renaissance: Modern ist die Verbindung einer objektiven, unverschleierten (z. B. nicht durch kirchliche Interessen gefärbten) Betrachtung der Gebilde (Kollektive) und der Zusammenhänge sowie die aufkommende „Macht des Subjekts". Das geistige Individuum erwacht und fordert Autonomie über sein Denken, seine Interessen usw.

Aufgabe 2

Das **theozentrische Weltbild** (gr. *theos* = „Gott") ist eine religiös geprägte Weltsicht, bei der Gott im Mittelpunkt steht. Er bestimmt die weltliche Ordnung und den Platz der Menschen.

Das **anthropozentrische Weltbild** (gr. *ánthropos* = „Mensch") stellt den Menschen ins Zentrum. Das Individuum mit seinen Wünschen und Forderungen wird wichtig. Der Mensch sucht sich seinen Platz und er schafft die weltliche (z. B. staatliche) Ordnung.

Aufgabe 3

1. Einzukreisen sind: Universalgelehrte, heliozentrisches Weltbild, Diesseits, Theorien, Neugier
2. Lösung individuell; z. B. Toleranz, Gerechtigkeit, freie Entscheidung, Menschenwürde, Gleichberechtigung

Station 3: Verbindung zwischen Renaissance, Humanismus und Reformation (Trimino), Seite 12

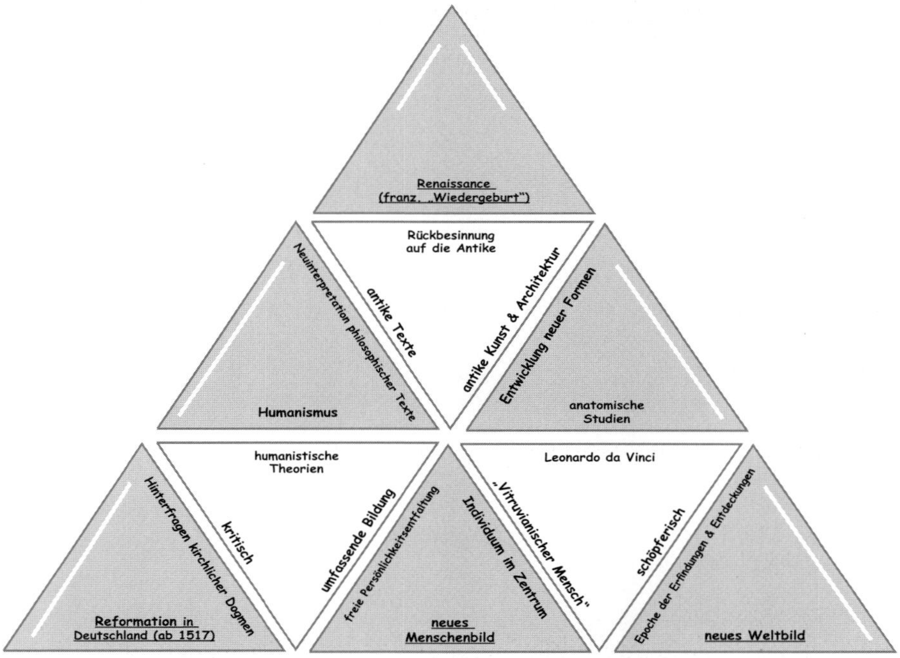

Station 4: Spott und Witz – die Satire, Seite 13

Aufgabe 1

1. Brant kritisiert die speziellen Laster, wie Habgier und Mitleidslosigkeit gegenüber den Armen (auch Ständekritik). Er kritisiert die Reichen, vor allem aber diejenigen, die Reichtum vor Weisheit stellen und die den Reichtum hofieren (sie müssen nicht selbst reich sein). Er kritisiert den Werteverlust der Zeitgenossen und den falschen Respekt (nicht vor der Person, sondern allein vor ihrem Besitz → Anbetung falscher Götzen). Der Narr ist weniger der Reiche, sondern derjenige, der Reichtum anbetet. Güter und Geld sind Dinge des Diesseits, im Jenseits nützen sie nichts.
2. Die Wirklichkeit wird durch Gegenüberstellungen („Torheit" vor „Weisheit") karikiert. Überspitzt wird, indem das Geld personifiziert („O Pfennig") wird und die Reichen bildlich als Narren dargestellt werden („reichen Mann, der Ohren hat und Schellen dran"). Der Ton ist spöttisch-kritisch. Die angeführten Beispiele bleiben trotz überspitzter Darstellung realistisch. Dem Leser wird der Spiegel vorgehalten.

Aufgabe 2

1. Lehrhafte Dichtung der Renaissance richtet sich vor allem gegen falsche Moralvorstellungen. Der Autor bleibt der christlichen Lehre verhaftet und droht mit einer Strafe für denjenigen, der seiner christlichen Pflicht (Barmherzigkeit) nicht nachkommt. Der Autor appelliert an den religiösen Glauben seiner Leser. Belehrende Literatur will nicht nur Missstände aufzeigen, sondern auch Hilfe zur Besserung geben. Deutlich erkennbar ist der humanistische Anspruch.
   Sebastian Brant versucht dem Leser zu vermitteln, dass ein weniger auf Gewinn ausgerichtetes Leben eine bessere Orientierung und größeres Seelenheil verspricht. Wer sich nicht an diese Normen hält, wird als Narr gebrandmarkt.
2. Fabeln (älteren Ursprungs), Bürgerliches Trauerspiel (Zeit- und Gesellschaftskritik als Thema der Aufklärung), Parabeln, Episches Theater (Brecht)

Station 5: Spott und Witz – der Schwank, Seite 15

Aufgabe 1

1. Derbe, vulgäre, einfache Sprache; Handlung ohne Zwischenhandlungen oder Einschübe (das Ausgangsereignis wiederholt sich nur); typisches Personal (Herr – Knecht/Dienstboten); typische Konfliktsituation (zwischen den Geschlechtern und ihrer Rollenauffassung: Verständnis des Mannes als Herr, Weigerung der Frau, eine unterwürfige Rolle einzunehmen); leichte Standeskritik (keiner verhält sich reif oder vornehm, auch nicht die vermeintlich Höherstehenden); belehrender Charakter durch Überspitzung einer Trivialität; leichte Belehrung am Ende (Ratschlag des Autors, sich aus den Streitereien anderer besser herauszuhalten, um nicht auch miteinbezogen und getroffen zu werden. Die Kommentierung mit Namen ist eine Signatur Hans Sachs' und nicht bei allen Schwänken anzutreffen.)
2. Der Anstoß ist die bloße Wiedergabe einer Szene, die der Knecht beobachtet hat. Die handelnden Personen sind nicht direkt betroffen. Die Komik baut sich durch die Wiederholung des Streites auf (Krämersleute → feinere Herrschaften → Dienstpersonal). Es gibt keinen, der klüger handelt, keiner gibt nach und keiner erkennt die Dummheit seines Tuns.

Vertiefung

- Spott und Witz dominieren in beiden Beispielen, der Ton im Schwank ist jedoch derber (vulgäre Beschimpfungen, ausufernde Prügeleien).
- Ziel der Satire: Bestimmte Sünden oder Fehler werden gezielt angesprochen und in Beispielen beschrieben. Die moralisch-christliche Warnung über die Folgen des Fehlverhaltens ist deutlich auszumachen.
- Ziel des Schwanks: Alltagssituationen werden auf witzig anzügliche Art erzählt. Die Schwierigkeiten im Zusammenleben von unterschiedlichen Zünften/Ständen stehen im Vordergrund (nicht ein spezielles Laster). Ziel ist der Spott und die Schadenfreude des Publikums (trotz Botschaft am Ende).
- Die Satire traf sowohl den Geschmack des einfachen Volkes als auch den der Gebildeten. Der Schwank erfüllte eher den Wunsch des Bürgertums nach leichter Unterhaltung.

Barock (ca. 1600–1720)

Seite 18–26

Station 1: Leben in Widersprüchen – die barocke Weltsicht, Seite 18

Erfahrung: Dreißigjähriger Krieg
vanitas-Gedanke: Alles ist vergänglich, alles ist nur eitler Schein
memento mori: Hinwendung zum Jenseits, Allgegenwart des Todes
carpe diem: Hinwendung zum Diesseits, Lebenshunger
Malerei: religiöse und weltliche Abbildungen; Vergänglichkeit, Wandel, Schein und Sein
Architektur: Pomp und Prunk (z. B. prachtvolle Kirchenbauten und Schlossanlagen)
Literatur: Inhalt: Tod, Sterben, Krankheit; Genuss und Sinnlichkeit; religiöse Literatur
Form: Ordnung durch Regelpoetik („jedem Inhalt seine gerechte Form")

Station 2: *Vanitas, memento mori, carpe diem*, Seite 20

Aufgabe 1

Gedicht 1: Der Mensch ist … schlimmen Schmerzen ausgesetzt, Spielball des Glücks, ein Irrlicht, umherirrend und dem Schicksal ausgeliefert, ängstlich und widerwärtig.
Die Vergänglichkeit des Lebens wird illustriert durch … Schnee, der schmilzt; Kerzen, die abbrennen; Rauch, der vom Wind verweht wird.
Welche Begriffe stellt der Dichter einander gegenüber? Glück – Irrlicht, Atemholen (leben) – dahinfallen (sterben), Nachkommen – zukünftige Tote

Gedicht 2: Das Leben ist … Leid, Trauer, Klage.
Vor dem einsamen Sterben sollte der Mensch … brüderlich, gesellig, lustig sein.
Welche Einstellung hat der Dichter zu Mensch und Schicksal? Der Mensch ist dem Schicksal zwar ausgeliefert, aber das Leben sollte er trotzdem genießen.

Der Dichter des ersten Gedichts zieht daraus die Lehre, dass alles den Tod bereits in sich trägt, dass alle Bemühungen sinnlos sind und dass der Mensch dem Schicksal ausgeliefert ist. Der Dichter macht dem Leser aber keinen Vorschlag, wie er handeln und sich verhalten soll.
Der Dichter des zweiten Gedichts schlussfolgert, dass man, da alles vergänglich ist, das Leben genießen und nicht alleine verbringen sollte.

Aufgabe 2

Martin Opitz: Ode „Carpe Diem“: Gedicht 2, **Andreas Gryphius: „Menschliches Elende“:** Gedicht 1

Station 3: Geformte Lyrik – das Sonett, Seite 22

Aufgabe 1

Form: Das Sonett besteht aus insgesamt 14 Versen, aufgeteilt in 2 Quartette (vierzeilige Strophen) und 2 Terzette (dreizeilige Strophen).
Versform: Alexandriner
Reimschema: Strophe 1: abba, Strophe 2: abba, Strophe 3: ccd, Strophe 4: eed
Reimart: Umschließender Reim (Strophen 1 und 2) und Schweifreim (Strophen 3 und 4)
Antithese: heute – morgen, aufbauen – einreißen, Städte – Wiese, blüht – zertreten, pocht und trotzt (lebendig) – Asch und Bein (tot), lachendes Glück – donnernde Beschwerden, Taten Ruhm – Traum
Auch die Strophen 1 und 2 kann man inhaltlich als Antithese zu den Strophen 3 und 4 verstehen: der Aufgesang bezieht sich auf Konkretes, während der Abgesang von Abstraktem handelt.
Akkumulation: Asch und Bein; Schatten, Staub und Wind; kein Erz, kein Marmorstein
Dies sind alles umschreibende Begriffe des Kerngedankens: Vergänglichkeit des Seins.
Hyperbel: Es ist alles eitel; Du siehst, wohin du siehst, nur Eitelkeit auf Erden
Anapher: Du siehst, wohin du siehst, …; Wo itzund – Was itzund – Was itzt; kein Erz, kein Marmorstein; Als schlechte Nichtigkeit, als Schatten, Staub und Wind – Als eine Wiesenblum

Aufgabe 2

Die Kernbotschaft des Dichters lautet: Nichts auf Erden ist für immer. Die Vergänglichkeit (*vanitas*) ist fester Bestandteil alles Seienden.
Die Absicht des Dichters ist: Der Blick des Lesers soll auf die Tatsachen gerichtet werden. Der Leser soll lernen, sich über die irdischen Dinge und Belange zu erheben und zu erkennen, was tatsächlich von Bedeutung ist und was ewige Gültigkeit besitzt. Der Dichter richtet den Fokus auf das Jenseits und auf gottesfürchtiges Verhalten im Diesseits (hierfür spricht z. B. der Herden-Verweis am Ende der 1. Strophe: Jesus/Gott als Hirte der Menschen).

Aufgabe 3

- **Alexandriner:** Darstellung von These und Antithese. Beispiele können aneinandergereiht werden, Kontraste können aufgebaut, einzelne Aussagen wieder negiert, Fragen gestellt und beantwortet werden usw. (z. B. Vers 2, 3, 5, 6 usw.)
- **Hyperbel:** Ausgangsthese. Diese entspricht wohl der Meinung des Dichters, da sie nicht negiert wird. (Vers 1)
- **Umschreibungen:** Unterstützung und Bekräftigung der Aussage des Dichters. Der Leser soll von der Richtigkeit der Aussage überzeugt werden. (v. a. Str. 1 und 2)
- **Anapher:** Unterstützung und Bekräftigung der Aussage des Dichters. Der Leser soll von der Richtigkeit der Aussage überzeugt werden. (z. B. Vers 2, 5, 6)
- **Steigerung/Klimax:** Die Inhalte der einzelnen Strophen können als Steigerung gelesen werden (belebte Welt/Natur/Konkretes → unbelebte Natur/Abstraktes → Mensch). Von Strophe zu Strophe schreitet der Zerfall voran, steigert sich die Zerstörung, bis in der letzten Strophe nur noch „schlechte Nichtigkeit, als Schatten, Staub und Wind“ übrig bleibt.

⇒ Form und stilistische Mittel dienen dem Inhalt. Hierdurch soll die Ausgangsthese des Dichters bestätigt werden.

Aufgabe 4

Lösung individuell

Station 4: Codierte Kunst – die Allegorie, Seite 25

Blumen → Lebendigkeit, jedoch hat diese keinen Bestand, die Blumen verwelken.
Fliegen/Insekten → Unreinheit (auch im religiös-frommen Sinn), Schädlinge, Begleiter des Teufels („Herr der Fliegen")
Geld → rein materiell, kein Wert für die Ewigkeit
Glas (Schale, Vase, Geschirr) → galt als Luxusgut, ist aber auch zerbrechlich (damit vergänglich); leere Gläser, Schalen können auch für Leere stehen.
Obst → Fruchtbarkeit, aber besonders bei bereits angefaulten Früchten zeigt sich auch die Vergänglichkeit; bestimmte Früchte (Äpfel, Trauben) stellen einen Bezug zum Sündenfall oder zur Genusssucht her.
Pfeife → Kurzweil, Genuss(sucht), Flüchtigkeit („Rauch")
Rauch → Flüchtigkeit, Vergänglichkeit
Schmetterling → Verwandlung (Raupe → Schmetterling), christliches Symbol für Auferstehung
Schnecken(gehäuse) → Vergänglichkeit; leere Schneckengehäuse als Reste dessen, was einmal lebendig war.
Seifenblasen → schillernd, schwebend, plötzliches Zerplatzen, Vergänglichkeit
Schmuck → rein materiell, Eitelkeit, kein Wert für die Ewigkeit
Taschenuhr → Luxusgut, Zeichen für die Lebenszeit; die Zeit schreitet voran und läuft unaufhaltsam ab (*memento mori*).
Totenkopf/Knochen → Sterblichkeitssymbol

Aufklärung/Sturm und Drang (ca. 1720–1800/1765–1785)

Seite 27–40

Station 1: Was ist Aufklärung?, Seite 27

1. Kants Appell richtet sich an die unmündigen Bürger des Landes, das „Hausvieh".
2. Kant kritisiert, dass die Menschen die naturgegebene Vernunft/ihren Verstand nicht nutzen. Sie ergeben sich der Bevormundung, die in Fleisch und Blut übergegangen ist und alle Bereiche betrifft: Alltag, Geschäfte/Handel, Glaubens- und Gewissensfragen. Als Ursachen nennt Kant Faulheit und Feigheit. Bequemer ist es, andere für sich denken und entscheiden zu lassen. Wer nicht selbst entscheidet, kann/muss keine Verantwortung übernehmen. Die Menschen haben Angst vor dem Sprung ins Ungewisse und vor den Folgen, sie haben Angst vor dem Scheitern und davor keine Führung mehr zu haben.
3. Ziel der Aufklärung: Erziehung des Menschen zu selbstständiger Verstandesarbeit (sie sollen ihren eigenen Verstand einsetzen) und kritischer Haltung; Emanzipation des Individuums; Ausbildung einer Gesellschaft, die bemüht ist, sich zu verbessern und das Richtige zu tun; Abkehr von vorgefassten Meinungen und Dogmen; Offenheit; Toleranz
4. Setzt man seinen eigenen Verstand ein, übernimmt man Verantwortung für sein Handeln. Verantwortung übernehmen heißt, Freiheit zu leben (im Denken und Handeln), somit der Ausgang aus der selbst verschuldeten Unmündigkeit.

Station 2: Lessings Dramentheorie, Seite 29

1. Es müssen Umstände dargestellt werden, mit welchen sich der Zuschauer identifizieren kann. Weiter muss er sich mit den dargestellten Personen identifizieren können. Hierfür werden weder extrem gute noch extrem schlechte Charaktere dargestellt. Die unglücklich Werdenden müssen einen edlen/tugendhaften Charakter haben. Reine Bösewichte gibt es nicht, auch sie sind Menschen, auch ihre Verfehlungen haben menschliche Züge. Hohes/adeliges Personal (in der Tragödie) ist für die Identifikation mit den Figuren eher hinderlich und stellt keinen Nutzen dar.
2. Furcht und Mitleid sind die Identifikationsfläche für den Zuschauer. Der Zuschauer soll sich nicht vor dem Helden, sondern vor seinem Schicksal fürchten. Der Zuschauer ist wie dieser unschuldig Leidende (vgl. hierzu Frage 1), sein Schicksal kann also auch ihn treffen, der Zuschauer selbst kann die bemitleidenswerte Person werden.
3. Mitleiden heißt, mit den Protagonisten auf der Bühne mitzufühlen. Dadurch, dass der Zuschauer zum Mitfühlen erzogen wird, soll ein gesamtgesellschaftlicher Nutzen erzielt werden. Dem Zuschauer werden humanistische Ideale (Tugend, Treue, Toleranz, Hilfsbereitschaft usw.) vor Augen geführt und als Beispiel für eigene Lebensentwürfe an die Hand gegeben.
4. **Voraussetzung:** lebensnahe Umstände und Helden (Identifikationsmuster); der Held wird unverschuldet mit einem tragischen Konflikt konfrontiert.
   erweckt im Zuschauer: 1. Furcht vor dem Schicksal des Helden, 2. Mitleid mit dem Helden
   führt zu: Steigerung der Mitleidsfähigkeit (Mensch ist mitfühlendes Wesen) und sittliche Besserung des Menschen (***Katharsis***)

Station 3: Literarische Erziehung – die Fabel, Seite 31

Aufgabe 1

1. **Ausgangssituation:** Vorstellung der Akteure, Darstellung einer bestimmten Situation/Szene; Abschnitt beginnt bei: „Als des Äsopus Löwe mit dem Esel …"
   Konfliktsituation: Streitgespräch, Wechsel von Behauptung und Widerlegung, Zuspitzung der Situation auf einen Höhepunkt; Abschnitt beginnt bei: „Ein schöner Gesellschafter! …"
   Lösung: Konflikt wird gelöst, Moral der Geschichte; Abschnitt beginnt bei: „So denken die Großen alle …"
2. **Löwe:** stolz, majestätisch, gebieterisch = Adel
   Esel: stumm, teilnahmslos, naiv, folgsam = niederer Stand (Bauer, unteres Bürgertum)
   Krähe: naseweis, frech = gehobenes Bürgertum, niederer Adel
3. Lessing äußert Kritik an der Rangordnung/Ständeordnung, am Selbstbild des Adels und an dessen Behandlung ihrer Untergebenen. Die Gesellschaft des niederen Standes wird nur geduldet, sofern sie einem nützt. Kritik wird aber auch an dem schweigsamen Esel (dem einfachen Bürger) geübt, der sich nicht wehrt und alles mit sich machen lässt (z. B. weil er sich in der feinen Gesellschaft sonnen oder dazugehören will). Es ist keine echte Freund- oder Partnerschaft. Der untergeordnete Partner kann keinen tatsächlichen Nutzen aus dieser Verbindung ziehen. Sollte eine Notsituation eintreten oder sollte er wirklich Hilfe brauchen, wird er sich nicht auf Hilfe von oben verlassen können.

Aufgabe 2

1. Menschliche Verhaltensweisen werden dadurch, dass sie auf Tiere übertragen werden, veranschaulicht, ohne den Menschen direkt den Spiegel vorhalten zu müssen. Die unangenehme Wahrheit soll dadurch erträglicher gemacht werden. Zudem schützt die „Verkleidung" den Erzähler, wenn er politische und gesellschaftliche Verhältnisse kritisiert.
2. 1. = w, 2. = w, 3. = w, 4. = w, 5. = f, 6. = w, 7. = f, 8. = w, 9. = f

Station 4: Anakreontische Lyrik, Seite 33

Aufgabe 1

1. Freunde
2. Das lyrische Ich fordert die Hingabe an Sinnesfreuden (Wein, Liebe) und Vergnügen. Dies soll nicht aufgeschoben werden. Solange man jung ist bzw. sich jung fühlt, soll man die Möglichkeiten zum fröhlichen Beisammensein und zum süßen Scherzen nutzen. Lieben und geliebt werden sind wichtige Aspekte des Lebens.
3. **„Dort"/Jenseits:** „Totenreich", „kalte Schatten", „Wasser", „herbes Alter"
   „Hier"/Diesseits: „freies Herz", „jugendliche Fröhlichkeit", „lebend muss man fröhlich sein", „Wein", „jung und feurig"

Aufgabe 2

1. Um die Liebe darzustellen, verwendet Friedrich von Hagedorn eine nahezu kämpferische, kriegerische Sprache: „Macht gereizter Zärtlichkeiten", „der Liebe schmeichelnde Gewalt", „Herz erbeuten", „ergebet euch mit freiem Herzen".
   Die Liebe ist sowohl eine Macht, Kraft und Gewalt als auch eine Kunst, die einerseits mit Sehnsüchten und Gunst lockt, zärtlich und schmeichelnd ist, andererseits aber ebenso gewaltig und fast gewalttätig sein kann.
2. Das lyrische Ich rät den von Liebeskummer Geplagten, sich nicht zu grämen und sich nicht vom Lieben und Geliebtwerden loszusagen. Wer liebt, wird auch geliebt werden. Das Leben ist zu kurz, um sich den Freuden und der Liebe zu verschließen.

Weiterführende Aufgaben

1. *Carpe diem!* („Nutze den Tag!")
2. Die orthodoxe Kirche äußerte Kritik an der fragwürdigen Moral der Anakreontiker. Die Begrenztheit des irdischen Lebens war zwar Thema der Anakreontik, daraus wurde aber nicht der Schluss gezogen, das Leben demütig, orientiert am zeitgenössischen Sittenkodex der Kirche und deren Auslegung der Heiligen Schrift, zu führen. Die geistlichen Autoritäten der Zeit lehnten das Schwelgen in irdischen Freuden (Wein, Gesang, Müßiggang, körperliche Liebe) streng ab. Auch das Gottesbild missfiel der Kirche. Statt von einem strafenden, die Lasterlichkeit verurteilenden Gott spricht von Hagedorn von einem „Gott der Liebe".
3. Von Hagedorn beschreibt die Kultivierung der Geselligkeit. Er rechnet mit der Lebensverneinung der Kirche, dem überbetonten Sündenbewusstsein und der traditionellen Lyrik ab. Sein Gedicht ist eine Aufforderung (Anrede „Ihr Freunde" = an Gleichgesinnte) mit Nachahmungscharakter. Die Forderung zu Beginn („Ergebet euch mit freiem Herzen") ist provokativ, v. a. auch in Bezug auf den Moralkodex und Regelkanon der Amtskirche. Das Herz wird zur treibenden Kraft. Ein freies Herz aber kann ein unbeschwertes, unvoreingenommenes, offenes Wesen des Menschen bedeuten. Für die Gesellschaft des 18. Jahrhunderts, für die die höfische Kultur noch immer eine wichtige Bedeutung hatte, sprach aus solchen Gedichten die Aufforderung, sich aus moralischen und auch politischen Fesseln zu befreien. Die Betonung der individuellen Freuden und somit auch die Vernachlässigung eines kollektiven Pflichtgefühls kann durchaus als Vorbild für ein neues soziales Modell verstanden werden: das Leben zu genießen, gesellig zu sein, sich weniger um die Lasten des Alltags zu scheren.
4. Im Gegensatz zur reinen Vernunft der Aufklärer versuchten die Anakreontiker, dem Gefühl mehr Stellenwert einzuräumen. Nicht nur der Verstand erklärt den Menschen die Welt und zeigt, was gut und richtig ist, sondern auch die Sinne und das Innenleben prägen Wahrnehmung und Handeln der Menschen.

Station 6: Das Genie, Seite 38

Aufgabe 1

1. **Zeus:** abhängig, untätig, desinteressiert, hilflos, herzlos
   Prometheus: spöttisch, frei, gefühlvoll, aktiv, kreativ, unabhängig, trotzig, rebellisch, übermütig
2. Str. 4: Prometheus hat alle Herausforderungen und Widrigkeiten ohne fremde Hilfe überstanden, in jeder schwierigen Situation hat er sich selbst geholfen. Allein sein Herz, seine Seele, sein Gefühl, seine Leidenschaft haben ihm den Weg gewiesen, nicht der Blick zur Sonne.
   Str. 5: Prometheus berichtet von erduldeten Qualen und Schmerzen. Er stellt sich die Frage, wofür er dankbar sein soll, da Zeus nichts unternommen hat, um ihm zu helfen.
   Str. 6: Prometheus stellt sich den Herausforderungen des Lebens. Er flieht nicht, er bittet Zeus aber auch nicht um Hilfe. Er sagt sich vom Herrschergott los (auch von der Vaterfigur), er behauptet sich und bestimmt selbst über sein Leben. Prometheus ist unabhängig. Weder fürchtet er Gott, noch bewundert er ihn, da er seine Macht als Abhängigkeit entlarvt hat.
3. Str. 5: Beide, Prometheus und Zeus, sind der allmächtigen Zeit und dem ewigen Schicksal unterworfen.
   Vergleich der Strophen 3 und 6: Als Kind war Prometheus verwirrt und ängstlich. Er suchte Schutz und Rat bei den Göttern. Zeit und Schicksal (die Anforderungen des Lebens) lehrten ihn jedoch, dass er für sich selbst sorgen und Verantwortung übernehmen muss. Sie stärkten ihn. Den Göttern hingegen könne es passieren, dass sie durch ihre Untätigkeit weiter an Einfluss verlieren.
4. Goethe stellt einen trotzigen, aufbegehrenden Prometheus dar, der sich nicht an die Tradition hält und respektvoll-demütig die Götter ehrt. Die Stürmer und Dränger waren gegen Willkür und bürgerliche Lebens- und Moralvorstellungen. Sie zweifelten an der Autorität der älteren Generation, lösten sich von deren Vorstellungen und forderten Freiheiten ein. Auch Prometheus nimmt die alte Ordnung nicht als unveränderlich an. Prometheus beharrt darauf, dass er selbst die Dinge erschafft. Er hebt seine individuelle Leistung hervor und lehnt die Hilfe eines Gottes, der sich weniger um die Belange der Menschheit als vielmehr um seine Verehrung sorgt, ab. All dies verweist auf den Genie-Gedanken des Sturm und Drang: das Genie erschafft selbst, das Genie ist unabhängig und kümmert sich nicht um traditionelle Regeln und Formen (vgl. Versmaß des Gedichts: kein fester Rhythmus, Variation in der Strophenlänge). Die Stellung des Individuums wird überbetont. Wurde von den Aufklärern die Vernunft überbetont, so zeigt sich bei Prometheus, dass er aus leidenschaftlicher Überzeugung aufbegehrt und weniger aus rationaler Überlegung. Er ist der Typus des Kraftkerls und des Genies. Er ordnet seine Emotionen nicht der kühlen Vernunft unter.

Aufgabe 2

Die richtigen Aussagen sind: 1. Schöpfer, ein Vorbild; 2. Natürlichkeit; 3. gefühlvoll; 4. Regelpoetik, expressiv; 5. Original-Genie, William Shakespeare

Weimarer Klassik (ca. 1786–1805)

Seite 41–50

Station 1: Geistesgeschichtliche Voraussetzungen, Seite 41

Aufgabe 1

1. Gebaren und Mimik der Figur des Priesters zeichnen sich durch seelische Größe aus. Der Körper leidet, aber die Mimik bleibt gefasst. Laokoon schreit seine Schmerzen nicht heraus, er zeigt keine Furcht. Die Figur zeigt „edle Einfalt und stille Größe“.
   Weiter werden Gegensätze sichtbar gemacht: zwischen äußerer Not/Bedrängnis und dem inneren Zustand, zwischen Schmerz und Ruhe. Ruhe steht dabei für den wahren Charakter der Seele.
   Die griechischen Künstler waren nicht nur Kunstschaffende, sie waren zugleich weise, weltoffen und empfänglich kreativ. Sie konnten die Empfindungen, die sie darstellen wollten, selbst nachfühlen. Weiter schreibt Winckelmann der griechischen Kunst eine Vorbildfunktion zu, denn die Darstellung der edlen Seele wecke im Betrachter Bewunderung und animiere zur Nachahmung.
2. Winckelmann glaubte, dass auch der Künstler selbst, um ein Werk erschaffen zu können, eine seelische Kraft in sich spüren muss. Für die klassischen Dichter bedeutete dies, dass nur ein idealistisch gestimmter Dichter einen idealen Helden schaffen kann (Absage an das Original-Genie der Stürmer und Dränger). Ein Dichter muss zudem mit der Welt verbunden sein (vgl. weltoffener Charakter der griechischen Bildhauer).
   Das Nicht-Schreien der Figur Laokoon deutet Winckelmann als Ausdruck der ethischen Haltung. Laokoon ist anschauliche Darstellung der stoischen Philosophie. Er ist über seinen Schmerz erhaben. Auch die idealisierten Helden der klassischen Literatur (z. B. „Iphigenie“, „Wilhelm Tell“ usw.) begegnen der leidvollen Realität erhobenen Hauptes. Sie leiden, aber sie lassen sich nicht von ihren Idealen abbringen.
   Die Kunst soll eine gewisse Vorbildfunktion einnehmen. Die Kunst will wünschenswerte Charakterzüge, wie Stolz und Erhabenheit, übermitteln, sowohl im Ausdruck als auch im Wesen ihrer Figuren. Auch wenn die Wirklichkeit Gefahren birgt, Schattenseiten und Schmerzen für das Individuum bereithält, der Geist/die Seele soll diesen trotzen und sich nicht unterwerfen. Die erdichtete Welt ist ein ideales Gegenkonstrukt zur tatsächlichen.

Aufgabe 2
Kunst ist Ausdruck eines Idealzustands.

Aufgabe 3
Harmonie – Humanität – Schönheit

Station 2: Historische Voraussetzungen, Seite 43

1. **Klopstock:** enthusiastische Freude über „edelste Tat des Jahrhunderts"; Zustimmung für die „Brüder"; Aufruf; Kritik an deutscher Trägheit und mangelnder Revolutionsbereitschaft; Revolution ist „Schicksal"
   Schiller: reine Kritik; Entsetzen; Revolution als Versuch, Ideale umzusetzen, der jedoch scheiterte; unglückliches, unfähiges und unwürdiges Volk; Revolution ist kein Fortschritt, sondern Rückschritt zur Barbarei; historisch passender Moment, aber verderbte, nicht fähige Nation/Menschheit („wir sind noch nicht soweit")
2. Die Radikalität und Brutalität der Französischen Revolution diente der idealisierten stoischen Seele als abschreckendes Beispiel. Ein Volk, das nur von Gefühlsaffekten geleitet wird, ist nicht zu erfolgreichen politischen Umwälzungen fähig. Um sich der Vormundschaft durch Obrigkeiten zu entledigen, braucht es mehr als den brutalen Willen. Es braucht dazu freie, gebildete, humane Menschen. Die Zeit verlangt nach Aufbruch, aber der Mensch zeigt durch sein Handeln, dass er der Freiheit noch nicht gewachsen ist und sich vom Augenblick überrennen lässt.
   Überträgt man das Ideal „edle Einfalt und stille Größe" auf die Vorkommnisse der Zeit, so würden die Klassiker vielmehr einer geistigen Revolution zustimmen, die auf eine ästhetische und moralische Erneuerung abzielt. Dies wäre die Grundlage und Bedingung für realpolitische Umwälzungen.

Station 3: Die Erziehung des Menschengeschlechts, Seite 44

Aufgabe 1

1. **Humanität** ist eine rein menschliche Eigen- und Wesensart. Menschlichkeit heißt nicht nur „zur Gattung Mensch gehörend", sondern sie ist auch Zeichen einer Handlungs- und Denkweise. Die Fähigkeit zur Humanität im Denken, Fühlen und Handeln unterscheidet den Menschen vom Tier. Von Geburt an besitzen die Menschen in sich die Anlage zur Menschlichkeit. Wird sie nicht gepflegt und ausgebildet, verkümmert sie. Herder bezeichnet die Humanität auch als menschliche Kunst. Eine Kunst/ein Handwerk kann verfeinert und verbessert werden, aber auch verrohen, entgleisen, verfälscht und verlernt werden.
2. Herder fordert die Ausbildung der Menschlichkeit zur vollen Fähigkeit. Dadurch soll verhindert werden, dass sich der Mensch von „falschen Dämonen" verführen und leiten lässt. Der Mensch ist weder ein Engel noch ein Dämon, aber er kann sich sowohl vom Guten als auch vom Schlechten leiten lassen. Humanität kann dabei von intellektuellen und politischen Vorbildern vorgelebt und von Lehrern und Eltern anerzogen werden. Ohne Humanität verkommen die Menschen zu brutaler Rohheit. Das Beispiel der Französischen Revolution, in deren Verlauf die Ideale (Freiheit, Gleichheit, Brüderlichkeit) zur dumpfen Brutalität verkommen waren, lag Herder, wie auch Schiller und Goethe, vor Augen.

Aufgabe 2
Lösung individuell.

Aufgabe 3
Die vorgegebenen Wörter sind in folgender Reihenfolge einzusetzen: Vernunft, Natur, ästhetische Erziehung, Veredelung, schönen Seele, Harmonie, Pflicht, Neigung, Gutes, Gesellschaft, politischen, ideale Mensch, idealen Staat

Station 4: Der klassische Dichter, Seite 46

Aufgabe 1

1. **Natur:** ungekünstelt/natürlich; das Unverfälschte und Spontane im Menschen, mit allen Neigungen, Trieben, Gefühlen usw.
   Kunst: von „Können"; das vom Menschen Geschaffene sowie alles menschliche Können (Fertigkeiten, Wissen und Kultur)
2. Die meisten Menschen scheinen einen Widerspruch zwischen Kunst und Natur zu verspüren (Str. 1). Dieser Widerwille löst sich aber auf und beide wirken gleich anziehend auf das lyrische Ich: Der Mensch kann Kunst und Natur harmonisch vereinigen. Die Kunst wird mit Mühe, mit Verstandestätigkeit und Anstrengung in Verbindung gebracht (2. Str.) und ist der Natur (Entspannung, Hingabe an Sinnesfreuden, an leichte Unterhaltung usw.) übergeordnet.
3. Ohne Anstrengung kann man nichts erreichen. Selbst die Bildung verlangt nach Maßregelung. Alle Weiterentwicklung braucht ein altes Fundament, von dem sie ausgeht. Für die Dichtung bedeutet das z. B., sich an tradierten Formen zu orientieren. Goethe bricht hier mit seinen früheren Überzeugungen des Sturm und Drang. Nicht die Zügellosigkeit und das Originalgenie erreichen die Vollendung. Goethes Gedicht endet mit einem scheinbaren Widerspruch: Beschränkung und Gesetz geben Freiheit – im Leben und in der (dichtenden) Kunst.
4. Die strenge Form ordnet das Gesagte, sowohl optisch als auch thematisch. Mithilfe der Form wird die durch das Gesagte angestrebte Harmonie auch optisch vermittelt.
   Strenge Form und gehobene Sprache war zudem Ausdruck des hohen künstlerischen Anspruchs.

Aufgabe 2
Der Dichter versteht sich als Erzieher und Lenker. **Die Dichtkunst dient** einem höheren Zweck, der Harmonie. **Die Mittel der Dichtkunst sind** Formstrenge und Regeln (Gesetze). **Der Dichter** formt **die Natur** zu seinen Zwecken.

Station 5: Das klassische Drama, Seite 48

Aufgabe 1
Tell früher: still und harmlos, reine Gedanken, friedlich, gläubig, religiös (auch die Sprache)
Tell in der jetzigen Situation: ohnmächtig angesichts der Macht des Vogtes; bereit zum Mord, zu einer Tat, an die er zuvor nicht einmal denken konnte → Tell vollzieht eine Wandlung, an deren Ende der Tyrannenmord steht.

Aufgabe 2
1. Für Wilhelm Tell ist die Tat eine Notwendigkeit. Sie ist ein Gottesschwur und eine heilige Schuld. Tell erhebt sich zu Gottes Werkzeug, um dem Vogt die gerechte Strafe zu bringen. Aber Tell spricht auch von Verteidigung, zum Schutz seiner Familie, und von Rache.
2. Wilhelm Tell entscheidet sich nicht frei, also gemäß seinem Naturell, zu seiner Tat. Der Monolog lässt darauf schließen, dass er von den äußeren Umständen zu dieser Tat gezwungen wird.

Aufgabe 3
Selbstzweck und dient der Idealisierung.

Aufgabe 4
Die vorgegebenen Wörter sind in folgender Reihenfolge einzusetzen: Dialogen, Innenleben, Entscheidungsprozess, Publikum, Affekt, reflektiert, überlegt, moralisches, persönliches Anliegen, inneren Konflikt, Mitleid, Verständnis

Romantik (ca. 1795–1840) — Seite 51–61

Station 1: Die romantisierte Welt, Seite 51

Aufgabe 1
Gegenwart: Die Gegenwart ist grauer Alltag und reine Routine. Die Menschen haben die mannigfaltigen Arten des Lebens vergessen. Das reine Nützlichkeitsdenken des Alltags betrifft auch die Poesie. Poesie ist nur Notdurft, zur Unterbrechung des Alltagstrotts. Selbst dann wird die Poesie aber nur als mühsam und förmlich erlebt.
Romantisierte Welt: Die Romantisierung steigert alle Aspekte des Lebens: Sie steigert das Individuum selbst, sie erhöht das Gemeine/Alltägliche, sie macht das Gewöhnliche ungewöhnlich usw. Die Poesie bringt den Zauber zurück ins Leben, sie bringt den ursprünglichen Sinn zurück („Das Individuum lebt im Ganzen und das Ganze im Individuum."). Der Mensch ist somit Teil der Welt, der Natur und des Kosmos.

Aufgabe 2
Der klassische Dichter/die klassische Dichtkunst: Die Aufgabe des klassischen Dichters ist die Idealisierung/Veredelung: Er soll die reine Vollkommenheit suchen. Dazu glättet er das Material und befreit es von allem Störenden, Hässlichen usw. Hierzu aber muss auch der Dichter vollkommen sein. Ist der Dichter nicht vollkommen, so kann es auch sein Werk nicht sein. Poesie ist kein Selbstzweck, sie ist nur Mittel zum Zweck, nämlich der Idealisierung der Welt.
Der romantische Dichter/die romantische Dichtkunst: Die Romantiker wollen die Welt darstellen, wie sie sein könnte. Die Dichtung ist dabei aber Zufall und keine Schönheitskorrektur, um Vollkommenheit zu erzielen (wie in der Klassik). Sie kann daher auch sinn- und zusammenhanglos sowie bruchstückhaft sein. Sie soll befremden und dadurch zugleich ihre Anziehungskraft entfalten. Der Dichter ist nicht Herr über die Kunst. Die Poesie herrscht selbstständig und der Dichter handelt nach ihr, ohne den Sinn oder das Wesen der Poesie erklären zu können.

Station 2: Die blaue Blume – das Motiv der Sehnsucht, Seite 53

Aufgabe 1
Ausgangssituation: Das lyrische Ich macht sich auf die Suche nach der blauen Blume (Wandermotiv).
Erwartung des lyrischen Ichs: Sehnsucht nach „gutem Glück". Das lyrische Ich hofft, das Glück in der Blume zu finden (Blume = Erfüllung der Sehnsucht). Das lyrische Ich hofft und vertraut darauf, die Blume zu finden.
Zielpunkt: Das Ziel bleibt unerreicht. Auch nach langem Wandern findet das lyrische Ich die Blume (= das „gute Glück") nicht.

Aufgabe 2

Stimmung: Nach der unermüdlichen Suche nach dem guten Glück/der Blume klingt das lyrische Ich in der letzten Strophe resigniert und traurig. Hoffen und Vertrauen (evtl. hier als religiöser Verweis: das Hoffen und Vertrauen auf Gott) allein haben nicht gereicht, die Sehnsucht bleibt letztlich unerfüllt.
Motive/Metaphern: Suche = Sehnsucht; blaue Blume = Sinnbild für „gutes Glück"; Reise- und Wandermotiv = Fernweh, Motiv der Unendlichkeit; Harfe = musikalisches Instrument als Symbol für Harmonie/Träumerei, evtl. auch ein Kennzeichen für das Selbstverständnis des Dichters (ein kultivierter, musizierender Mensch)

Aufgabe 3

„Gutes Glück" kann sich auf ein gutes, glückliches Leben in Zufriedenheit beziehen. Es ist ein Leben in Frieden und Harmonie zwischen Mensch und Natur, innerem Wesen und äußeren Umständen. „Gutes Glück" kann auch für das Schicksal stehen und für geschickte Fügung im Leben.

Aufgabe 4

Die Sehnsucht bleibt eine unerfüllte und realitätsferne Suche. Der Romantiker sehnt sich nicht nach konkreten Dingen, sondern vielmehr nach einem ideellen Zustand und nach einer Fluchtmöglichkeit aus dem Alltag. Das bedeutet aber, dass die Suche letztlich rast- und endlos sein wird. Das Motiv der Unendlichkeit schwingt hierbei immer mit. Bezogen auf das „gute Glück", das Eichendorff als Ziel seiner Reise und somit als Erfüllung seiner Sehnsucht benennt, bedeutet dies, dass das Leben weiterhin in den Mauern des als unbefriedigend und unerfüllt empfundenen Alltags verlaufen wird. Der Romantiker aber gibt seine Suche dennoch nicht auf. Die Suche ist Teil seines Lebens.

Station 3: Volks- und Kunstmärchen, Seite 55

Aufgabe 1

Hauptfigur: Müller, Fischer, Bauer, Tochter/Sohn aus einem armen Haus, Geschwisterpaar
Handlungsort: Schloss, Dorf, kleine Stadt, Häuschen, Mühle, Hexenhaus, Räuberhöhle
Ausgangssituation: Schatz finden, Rätsel lösen, von Fluch befreien, Heilmittel finden, Prinzessin retten
Gegenspieler: böse Fee, Stiefmutter, Kobold, Drache, Ungeheuer, böses/listiges Tier (Wolf, Fuchs)
Magische Elemente und Hilfsmittel: Sprüche, Hexen, Zauberer, Feen, Zwerge, Alltagsgegenstände/Kleidungsstücke mit Zauberkräften, Wünsche, Ringe, Zaubersteine
Auflösung/Belohnung: Ehe mit Prinz/Prinzessin, Rückverwandlung (bei Flüchen/Verwünschungen)

Aufgabe 2

- Betonung unerfüllbarer Sehnsüchte: Die Romantiker sehnten sich nach einer poetischen und auch magischen Alternative zur Wirklichkeit. Es war der Wunsch nach einer Fluchtmöglichkeit aus der Realität.
- Tragisches Ende: Dem Kind ist kein glückliches Leben beschieden.
- Hauptfigur ist ein gesellschaftlicher Außenseiter: Viele Hauptfiguren romantischer Erzählungen stehen, wenn nicht aufgrund ihrer sozialen Stellung, so aufgrund ihrer inneren Einstellung, am Rand der gesellschaftlich akzeptierten Norm. Hier ist die Hauptfigur aufgrund der Armut ein Außenseiter.

Aufgabe 3

	Volksmärchen	Kunstmärchen
Urheberschaft	Nein, es wird kein Autor angegeben.	Ja, es wird ein Autor benannt.
Einordnung in Ort und Zeit	Nein	Ungenau
Sprache	einfach, vage, emotionslos, religiös	nicht gekünstelt/stilisiert, aber auch nicht schlicht; ausführliche Beschreibungen/Details; näher am Geschehen; emotional
Hauptfigur	eindimensional Begründung: kaum Informationen über Hintergrund und Charaktereigenschaften (nur übliche Märchen-Klischees: arm, gut und fromm)	lebensnah Begründung: Bericht über persönliche, soziale Lebensumstände; das Mädchen (zwar namenlos) könnte als Person der realen Welt entstammen
Happy End	Ja	Nein
Magie/ das Wunderbare	Das Wunderbare wirkt wie ein Teil der erzählten Welt. Begründung: Das Magische scheint natürlicher Bestandteil der Umgebung zu sein. Die fantastische Welt und die reale Welt existieren neben- und miteinander. Das Wunderbare gehört zur Märchenwelt.	Das Wunderbare wirkt wie ein Einbruch in die Realität. Begründung: Das Magische wird durch die Lebens- und Leidensgeschichte des Mädchens zum besonderen poetischen Element. Das Wunderbare könnte nur ein Fantasieprodukt im Kopf eines sterbenden Kindes sein. Die Magie wirkt weniger natürlich, sondern vielmehr fantastisch (außergewöhnlich).
Absicht der Autoren/ Herausgeber	Das Märchenhafte ist hier so stark ausgeprägt, dass das reale Problem in den Hintergrund gedrängt wird. Nicht die Kinderarmut wird thematisiert, sondern Demut und Hilfsbereitschaft stehen im Zentrum. Statt Gesellschaftskritik steht die religiöse Botschaft im Vordergrund.	Die Lebens- und Leidensgeschichte des Mädchens wird sehr detailliert wiedergegeben. Sie bietet eine Identifikationsfläche und über sie werden die gesellschaftlichen Zustände angeprangert.

Station 4: Die Fantastische Literatur, Seite 59

Aufgabe 1

Nathanael sieht in Olimpia: „himmlischen Liebreiz"; ihr Blick durchstrahlt Sinn, Gedanken, sein ganzes Wesen; sie spricht nur Poetisches und Wahres; sie ist Vollkommenheit (Schönheit und Wesen) und eine Seelenverwandte
Die Gesellschaft sieht in Olimpia: „Wachsgesicht"; „Holzpuppe"; „starr und seelenlos"; sie ist zu perfekt (Wuchs, Antlitz), um tatsächlich schön zu sein; ihre Bewegungen sind zu kontrolliert („wie Räderwerk"), um natürlich zu sein; ihre Vorträge wirken geistlos; sie ist unheimlich
Reaktion der Gesellschaft: Die Menschen verlieren das Vertrauen in die eigene Wahrnehmung. Dies äußert sich im Misstrauen. Menschen sollen durch Fehler und mangelndes Können beweisen, dass sie Menschen sind/wie menschlich sie sind.

Aufgabe 2

Nathanael ist eine typische Figur der Romantik. Er lässt sich von seinen Gefühlen und seiner Fantasie leiten. Hiervon lässt er sich auch nicht abbringen. Er ist fest davon überzeugt, dass seine Vorstellungen wahr sind. Alle Versuche, ihn vom Gegenteil zu überzeugen, schlagen fehl. Nathanael verkörpert damit aber auch die Schattenseiten der Romantik. Er steigert sich entgegen aller Anzeichen in seine Fantasievorstellung hinein.
Auch der Romantiker flieht vor der Realität und gerät in Gefahr, wie Nathanael, wahnsinnig zu werden. Die Romantik grenzt hier an den Bereich der Krankheit, Lebensuntüchtigkeit und des Wahnsinns. Somit beschreibt E.T.A. Hoffmann die romantische Weltsicht, wenn er sie auch nicht direkt kritisiert, zumindest als potenziell gefährliche Realitätsflucht.

Aufgabe 3

E.T.A. Hoffmann spielt mit den Ängsten einer modernen Gesellschaft. Der Fortschritt in Wissenschaft und Technik und der Siegeszug der Vernunft (auch religiöse und spirituelle Belange werden rein rational zu erklären versucht) bereiten den Menschen zunehmend Sorge. Modernes Wissen bedrängt die eigene Identität. Die Menschen stellen sich Fragen wie: Ist der Mensch ersetzbar? Was ist Individualität? Was ist einzigartig menschlich? Ist der Mensch überhaupt etwas Besonderes?
E.T.A. Hoffmann übt Kritik an der Aufklärung: Er zeigt, wohin es führen kann, wenn man nur seinem Verstand folgt und irrational erscheinende Bedenken außer Acht lässt. Auch die vermeintlich vernünftigen Bürger in E.T.A. Hoffmanns Erzählung hatten einen Verdacht, dem sie aber trotz oder gerade aufgrund ihres aufgeklärten Verstandes nicht nachgegangen sind. Ihr Verstand hat sie letztlich nicht vor dem Betrug schützen können.

Vormärz/Biedermaier (ca. 1830–1848/1820–1850)

Seite 62–74

Station 1: Die Politisierung der Literatur, Seite 62

Aufgabe 1

1. Deutschland in der Nacht, 2. Religionskritik und Sittenverfall, 3. Ludwig Börne, 4. „Friede den Hütten! Krieg den Palästen!", 5. „Das Hungerlied", 6. schlesischen Weberaufstand, 7. August Heinrich Hoffmann von Fallersleben

Aufgabe 2

Wir (Germanen) → Römer; schlafen(d) ← erwacht; gemütlich und brav → Tyrannenfresser; fromme Kinderstube ← römische Mördergrube

Aufgabe 3

- Weder „ein Caesar" noch „ein Brutus" ließen sich unter den Deutschen finden. Die Fürsten waren nicht in der Lage und hatten nicht die Position, sich wie berühmte Feldherren und Kaiser zu gebären.
- Die Deutschen waren brave Untertanen, die kein großes Interesse daran hatten, die politischen Verhältnisse zu ändern. Sie gaben sich lieber dem Genuss hin. Ihre Herren wurden als Väter bezeichnet, denen man taktvoll zu begegnen hatte.
- Heine kritisierte den Untertanengeist der Deutschen, ihre Biegsamkeit („Lindenholz") und Treue („Eiche" steht in diesem Zusammenhang für Sturheit), obwohl die Zustände nicht gerecht waren. Er kritisierte weiter die Vielstaaterei („Ist nicht zuviel!") und das „Sich-Abspeisenlassen" (Benennung der regionalen Köstlichkeiten). Die Befriedigung banaler Bedürfnisse (Schlaf, Hunger, Durst, Tabak) genügte, um den Absolutismus und die fürstliche Verwaltung des Erbeigentums aufrechtzuerhalten.

Aufgabe 4

1. … um sie wachzurütteln.
2. **Nein**. Heine geht zwar mit seinen Zeitgenossen sehr kritisch ins Gericht (sie sind schwerfällig, zufrieden, untertänig), dennoch sollte man die ironischen Anspielungen nicht vergessen. Die Fürsten sollten sich nicht allzu sicher sein, dass nicht doch irgendwo „ein Brutus" lauert. Idyllische Verhältnisse können trügen.

Station 2: „Was ist das, was in uns lügt, mordet, stiehlt?“ – Georg Büchner, Seite 65

Aufgabe 1

Hauptmann: Tugend & Moral bestimmen den Menschen und beeinflussen/kontrollieren Handeln, Denken und Natur.
Woyzeck: Natur und soziale Verhältnisse bestimmen den Menschen und beeinflussen/kontrollieren Handeln, Denken, Tugend & Moral.

Aufgabe 2

„Das Sein bestimmt das Bewusstsein“: Passt zur Figur Woyzeck.
Das Zitat stammt von Karl Marx und bezieht sich auf den dialektischen Materialismus. Marx war der Ansicht, dass der Mensch von seinen Bedürfnissen abhängig ist. Die Frage nach der Freiheit bei Entscheidungen ist so auch eine Frage der gesellschaftlichen Realität. Woyzecks soziale Stellung und sein Lebensumfeld beeinflussen sein Denken und Handeln. Über seine Natur, seine Instinkte und Bedürfnisse hat er kaum Kontrolle.
„Beherrschung der Triebe durch die moralische Kraft ist Geistesfreiheit und Würde heißt ihr Ausdruck in der Erscheinung“: Passt zur Figur des Hauptmanns.
Das Zitat stammt von Friedrich Schiller und steht ganz im Geiste des Idealismus (klassische Periode). Schiller vertrat die Ansicht, dass die menschliche Natur durch geistige Anstrengung kontrolliert werden kann. Die alles beherrschende Kraft im Menschen ist seine moralische Stärke, die seine Triebe, Instinkte und Wünsche dominiert.

Aufgabe 3

1. **Im Vorfeld:** Die gesellschaftliche Stellung demonstriert bereits das Abhängigkeitsverhältnis und die untergeordnete Position Woyzecks (Hauptmann und mittelloser Soldat/Tagelöhner).
   Äußeres Erscheinungsbild Woyzecks: Er sieht „verhetzt“ aus, wirkt kränklich. Der Hauptmann führt das Äußere auf die innere Einstellung zurück und spricht Woyzeck ab, ein guter Mensch mit gutem Gewissen zu sein.
   Sprache/Intelligenz: Während Woyzeck den Hauptmann mit Titel („Herr Hauptmann“) anspricht, entpersonalisiert der Hauptmann Woyzeck mit der Anrede „Er“. Erst am Schluss, nachdem Woyzeck ihn aus dem Konzept gebracht hat, benutzt der Hauptmann das „Du“.
   Woyzeck fällt auf den Spott des Hauptmanns herein („Süd-Nord-Wind“). Der Hauptmann nimmt daraufhin aber die vorherige Aussage zurück und nennt Woyzeck nun einen „guten Menschen“. Diese Charakterisierung steht im Zusammenhang mit der Bemerkung „er ist dumm, ganz abscheulich dumm!“. Woyzeck stellt für den Hauptmann keine Gefahr dar, im Sinne einer intellektuellen Herabsetzung oder eines Angriffs auf die soziale Stellung.
   Sittlich-moralische Verfehlungen: Woyzeck besitzt in den Augen des Hauptmanns keine Moral, da er ein uneheliches Kind hat. Er ist tugendlos, da er seiner Natur nachgibt.
2. Die Argumente, die der Hauptmann anführt, sind widersinnig. Er konstruiert einen Zusammenhang zwischen äußerem Erscheinungsbild und Gewissenhaftigkeit. Zudem urteilt er widersprüchlich über Woyzeck, der ein „guter Mensch“ ist, aber gleichzeitig „keine Moral“ hat. Die Begriffe, die der Hauptmann verwendet und gegen Woyzeck ins Feld führt, erweisen sich als inhaltslos. Besonders sittliche Anstandsregeln und Moralvorstellungen sind bloße Phrasen. Die Begriffe „Moral“ und „Tugend“ kann er nicht definieren. Woyzeck hat keine Moral, weil er sich nicht an ein rein formales, religiöses Prinzip hielt (die Taufe). Während der Hauptmann auf den kirchlichen Segen anspielt, nimmt Woyzeck direkten Gottesbezug und zitiert aus der Bibel. Der Hauptmann ist auf eine Diskussion mit Woyzeck nicht vorbereitet. Seine vermeintliche Überlegenheit zerfällt im Laufe des Gesprächs. Argumentativ kann er es mit dem sozial schwächer Gestellten nicht aufnehmen. Auf Woyzecks Einwand, dass auch er mit genügend materieller Sicherheit schön von Moral und Anstand reden könnte, geht er nicht ein.
   Georg Büchner sieht die gesellschaftliche Ordnung als willkürlich an. Sie stützt sich rein auf materiellen Besitz und die daraus resultierende soziale Position. Intelligenz oder Einsicht in die äußeren Vorgänge sind kein Privileg der höheren Klasse und auch kein Merkmal dieser Klasse. Eine höhere gesellschaftliche Position ist nicht gleichbedeutend mit intellektueller Überlegenheit. Weiter zeigt Büchner, dass der Wert des Menschen nicht durch seinen gesellschaftlichen Rang definiert wird (vgl. Woyzeck).

Station 3: Die Kunstauffassung Georg Büchners, Seite 69

Aufgabe 1

Der idealistische Dichter schafft nur Marionetten. Die klassischen Charaktere sind bloße Kopien voller Pathos, sie sind gekünstelt. Die Klassiker weigern sich, die Realität künstlerisch darzustellen und zeigen so ihre Verachtung der menschlichen Natur. Sie lieben die Menschen nicht, wie sie sind, sondern betrachten sie als Mittel zum Zweck der Idealisierung. Das gewöhnliche Individuum besitzt zu geringen Wert, um es zu porträtieren. Sie suchen nur nach Schablonen für ihre idealistische Idee. Nicht die Charaktere und ihre Individualität sind wichtig, sondern die Ideenvermittlung. Für Büchner zerstört dies den Kunstgenuss und wirkt der Aufgabe des Dramas, dem Mitleiden, entgegen. Als Vorbilder für rechtes Handeln eignen sich die idealistischen Figuren so nicht.

Aufgabe 2
Naturalismus

Aufgabe 3

	Klassische Position	Büchners Position
Darstellung der Wirklichkeit	– Der Leser/Zuschauer will/soll sich nicht mit der Realität befassen. Er soll verschont werden von Vorurteilen, Sittenlosigkeit und Geistesleerheit. – Dem idealistischen Dichter ist bewusst, wie die Welt tatsächlich ist, aber die Realität wird nicht thematisiert. – Die Wirklichkeit wird verklärt. ⇒ Darstellung der Welt, wie sie sein soll	– Das Hässliche, Unsittliche und Vulgäre ist Teil der Welt und der gesellschaftlichen Realität. – Die Welt soll nicht geschönt dargestellt werden. ⇒ Darstellung der Welt, wie sie ist
Aufgabe der Kunst	– Veredelung und Läuterung – Die Weisheit der Zeit soll eingefangen und wiedergegeben werden. – Die Kunst dient als Spiegel und Muster. ⇒ Ästhetik und Moral gehen Hand in Hand.	– Wirklichkeitsgetreue Wiedergabe der Natur, damit der Leser/Zuschauer mitfühlen kann.
Anforderung an den Dichter	– Der idealistische Dichter ist gebildet und hat einen reifen Geist. Er ist imstande mit erhöhtem Geist zu schildern und zugleich erhöht zu fühlen. ⇒ Der moralische Charakter des Dichters soll im Werk spürbar sein.	– Als Geschichtsschreiber soll der Dichter Vergangenes (Stoffe, Personen) neu erschaffen und den Leser/Zuschauer unmittelbar erleben lassen. ⇒ Das Vergangene wird lebensnah in die Gegenwart transportiert.
Mittel der künstlerischen Darstellung	– Idealisierung: Der Gegenstand wird hierzu gereinigt. Nur das Vollkommene soll dargestellt werden. – Harmonie (in Form und Inhalt) steht im Zentrum.	– Alles was der Authentizität dient kann dargestellt werden. – Wichtig sind hier vor allem die Sprache (realitätsgetreu, sie muss auch obszön sein dürfen) und die Figuren (Repräsentanten ihres Milieus; auch sozial Schwache werden so dargestellt wie sie sind).

Station 4: Der Biedermeier – ein Lebensgefühl, Seite 72

Aufgabe 1
1. genügsam, würdevoll (auch wenn man ihn nicht achtet), einfach, heiter, fleißig, gemütlich, naiv, unauffällig, gewissenhaft, pflichtbewusst (in Familie und Beruf), bibelfest, fromm, untertänig, begnügt sich mit leichter Lektüre, ohne rechtes Verständnis für die höhere Kunst
2. Häuslichkeit und ein privater Rückzugsraum
3. Er trägt sein Los, seine Sorgen und Lasten, ohne sich groß zu beklagen. Die großen und wichtigen Entscheidungen überlässt er weltlichen und kirchlichen Autoritäten. Unausgesprochen bleibt, ob er ihnen dabei auch vertraut. Der große Weltlauf berührt den Biedermeier wenig.

Aufgabe 2
Glück: privater Natur; innerer Frieden; liegt darin, sich keine Schuld zukommen zu lassen
Ruhm und Größe: bedeutungslos; was man hierfür aufs Spiel setzt, lohnt den Einsatz nicht

Aufgabe 3
idealisiert, kitschig, ironisch

Aufgabe 4
1. Anhand einer alltäglichen Szene wird die heile bürgerliche Welt, die bürgerliche Idylle dargestellt. Nichts stört den Sonntagsausflug: keine Sorgen, kein Unwetter. Es wird eine zufriedene gutbürgerliche Familie gezeigt: Armut, Krankheit und sonstige Leiden spielen keine Rolle.
2. Spitzweg stellt den Spaziergang als bürgerliches Schaulaufen dar. Es ist mehr eine Pflichtveranstaltung, die weniger dem Naturgenuss oder dem familiären Beisammensein dient, als vielmehr der Darstellung von Stil, Anstand, Tugend. Es gilt Haltung zu bewahren. Dieser Eindruck wird verstärkt durch das völlige Fehlen von Kommunikation, durch die unbequeme aber schicke Kleidung und den „Gänsemarsch" der Familie (womit auch auf die kleinbürgerliche Familienordnung verwiesen wird: der Vater als Patriarch und Führer der Familie).

Quellennachweis

Textquellen

Andersen, Hans Christian: Das kleine Mädchen mit den Schwefelhölzern. Aus: http: //www.zeno.org / nid / 20004412761

Eichendorff, Joseph Freiherr: Die blaue Blume. Aus: http: //www.balladen.de / web / sites / balladen_gedichte / autoren. php?b05=1&b16=247

Grimm, Jacob und Wilhelm: Die Sterntaler. Aus: http: //www.zeno.org / nid / 20004905156

Goethe, Johann Wolfgang von: Prometheus. Aus: http: //www.zeno.org / nid / 2000484081X

Goethe, Johann Wolfgang von: Natur und Kunst. Aus: http: //www.zeno.org / nid / 20004846001

Gryphius, Andreas: Menschliches Elende. Aus: http: //www.zeno.org / nid / 20004917723

Gryphius, Andreas: Es ist alles eitel. Aus: http: //gutenberg.spiegel.de / buch / 2204 / 3

Hagedorn, Friedrich von: Der Tag der Freude. Aus: http: //www.zeno.org / nid / 20004989767

Heine, Heinrich: Zur Beruhigung. Aus: http: //www.zeno.org / nid / 2000502546X

Klopstock, Friedrich Gottlieb: Erkennet euch selbst. Aus: http: //www.zeno.org / nid / 20005174740

Lessing, Gotthold Ephraim: Der Löwe mit dem Esel. Aus: http: //www.zeno.org / nid / 20005263514

Opitz, Martin: Carpe diem. Aus: http: //de.wikisource.org / wiki / Carpe_Diem

Schiller, Friedrich: Die Künstler. Aus: http: //www.zeno.org / nid / 20005595517

Textauszug Sebastian Brandt: Das Narrenschiff. Aus: http: //gutenberg.spiegel.de / buch / 2985 / 18

Textauszug Jacob Burckhardt: Entwicklung des Individuums. Aus: Burckhardt, Jacob: Die Kultur der Renaissance in Italien. Reclam, Stuttgart 1999.

Textauszug Georg Büchner: Brief an die Familie. Aus: http: //gutenberg.spiegel.de / buch / 421 / 1

Textauszug Georg Büchner: Woyzeck. Aus: http: //gutenberg.spiegel.de / buch / 419 / 1

Textauszug Franz Grillparzer: Der Traum ein Leben. Aus: http: //www.zeno.org / nid / 20004898958

Textauszug Johann Gottfried Herder: Briefe zur Beförderung der Humanität. Aus: http: //www.zeno.org / nid / 20005053048

Textauszüge E.T.A. Hoffmann: Der Sandmann. Aus: http://gutenberg.spiegel.de/buch/3093/1

Textauszug Immanuel Kant: Was ist Aufklärung? Aus: http: //gutenberg.spiegel.de / buch / 3505 / 1

Textauszug Gotthold Ephraim Lessing: Briefwechsel über das Trauerspiel – Briefe an Friedrich Nicolai, Nov. 1756. Aus: http: //www.zeno.org / nid / 20005265401

Textauszug Gotthold Ephraim Lessing: Hamburgische Dramaturgie. Aus: http: //www.zeno.org / nid / 2000526636X

Textauszug Novalis: Fragmente über Poesie. Aus: Schmidt, Hans-Jürgen, Best, Otto F. (Hrsg.): Die deutsche Literatur in Text und Darstellung. Reclam, Stuttgart 1993.

Textauszug Hans Sachs: Der Krämerskorb. Aus: http: //www.zeno.org / nid / 20005574005

Textauszug Friedrich Schiller: Brief an den Herzog von Augustenburg (13.7.1793). Aus: http: //www.wissen-im-netz. info / literatur / schiller / briefe / vSchiller / 1793 / 179307131.htm

Textauszug Friedrich Schiller: Über Bürgers Gedichte. Aus: http: //www.zeno.org / nid / 20005609763

Textauszug Friedrich Schiller: Wilhelm Tell. Aus: http: //gutenberg.spiegel.de / buch / 3332 / 15

Textauszug Friedrich Schiller: Über Anmut und Würde. Aus: http: //www.zeno.org / nid / 20005609801

Textauszug Johann Joachim Winckelmann: Gedanken über die Nachahmung der griechischen Werke in der Malerei und Bildhauerkunst. Aus: http: //www.zeno.org / nid / 20009277277

Textauszug aus dem Vorwort zu „W.G. Biedermaiers Auserlesene Gedichte", aus: Ludwig Eichrodt: Lyrische Karikaturen, 1869. Aus: http: //www.zeno.org / nid / 2000474375X

Bildquellen

Camuccini, Vincenzo: Der Tod des Cäsar. http: //upload.wikimedia.org / wikipedia / commons / a / ac / Cesar-sa_mort.jpg

da Vinci, Leonardo: Der vitruvianische Mensch. http: //de.wikipedia.org / w / index.php?title=Datei:Da_Vinci_Vitruve_Luc_ Viatour.jpg&filetimestamp=20100914054557

Spitzweg, Carl: Der Sonntagsspaziergang. http: //upload.wikimedia.org/wikipedia/commons/5/59/Carl_Spitzweg_-_ Sonntagsspaziergang.jpg *van der Ast, Balthasar: Still life with fruits and flowers.* http://upload.wikimedia.org/wikipedia/commons/c/c8/Balthasar_van_der_Ast_-_Flowers_and_Fruit_-_WGA1040.jpg?uselang=de

van Utrecht, Adriaen: Stillleben mit Blumenvase und Totenkopf. http://upload.wikimedia.org/wikipedia/commons/1/12/Adriaen_van_Utrecht_-_Vanitas_Still-Life_with_a_Bouquet_and_a_Skull_-_WGA24200.jpg?uselang=de

Goethe-Schiller-Denkmal: http: //upload.wikimedia.org/wikipedia/commons/7/73/Goethe_Schiller_Weimar_3.jpg

Laokoon-Gruppe: http: //www.zeno.org/nid/20006975933

Porträt Bürger: http: //upload.wikimedia.org/wikipedia/commons/8/8e/G_a_buerger_sw.jpeg

Porträt Herder: http: //upload.wikimedia.org/wikipedia/commons/6/64/Johann_Gottfried_Herder.jpg

Porträt Lenz: http: //upload.wikimedia.org/wikipedia/commons/7/7e/JMRLenz.jpg

Porträt Klinger: http: //upload.wikimedia.org/wikipedia/commons/a/a1/Friedrich_Maximilian_von_Klinger.jpg

Porträt Klopstock: http: //de.wikipedia.org/wiki/Friedrich_Gottlieb_Klopstock

Porträt Sachs: http://de.wikipedia.org/w/index.php?title=Datei:Hans_Sachs.jpg&filetimestamp=20050513211527

Titelseite von Sebastian Brants „Narrenschiff": http: //upload.wikimedia.org/wikipedia/commons/c/c3/Narrenschiff.jpg

Weltbild des Mittelalters: http: //upload.wikimedia.org/wikipedia/commons/4/48/Flammarion_with_caption.jpg

Stand: 8.3.2012